Felix Riemkasten

Einkehr in die heilende Stille

Felix Riemkasten

Einkehr in die heilende Stille

Tiefentspannung als körperliches
und seelisches Heilmittel

Verlag Hermann Bauer
Freiburg im Breisgau

Die Deutsche Bibliothek – CIP-Einheitsaufnahme

Riemkasten, Felix:
Einkehr in die heilende Stille : Tiefentspannung als
körperliches und seelisches Heilmittel / Felix Riemkasten. –
14. Aufl. – Freiburg im Breisgau : Bauer, 1995
    ISBN 3-7626-0082-1

Mit 9 Zeichnungen

14. Auflage 1995
ISBN 3-7626-0082-1
© by Verlag Hermann Bauer KG, Freiburg im Breisgau
Alle Rechte vorbehalten
Druck und Bindung: Ebner Ulm
Printed in Germany

Gedruckt auf chlorfrei gebleichtem Papier

Inhalt

Vorwort	5
Die Bausteine des Themas	9
Erste Zusammenfassung	21
Inhalte im Bewußtseinsfeld	23
Der Hergang der Bewußtseinsfüllung	27
Konzentration	31
Richtige Auswahl der Vorstellungsbilder	33
Positives Denken	37
Wie kann man das Übel abstellen?	43
Zwischenkapitel: Wieso Gott?	45
Wie stellen wir die Stille und Leere in uns her?	47
Die Praxis	49
Das Gleichnis von der Teekanne	57
Ein Blick in den Maschinenraum	61
Das Abschalten	69
Mit dem Holzhammer	77
Gespräch mit der Niere	83
Meditationsthemen zum Bedenken in der Totenlage	97
Der Yogi-Atem	103

Vorwort

Da sitzt nun der Kranke beim Arzt; der Arzt untersucht ihn, und siehe, es ist der Magen, das Herz, Galle, Leber, Nerven, die entsetzliche Müdigkeit jedesmal frühmorgens, die Verzweiflung, in der sich der Mensch an die Arbeit begeben soll, vor der er sich fürchtet... Hiergegen setzt nun der Arzt diejenigen Mittel ein, die dem heutigen Stande der Wissenschaft entsprechen. Das Herz arbeitet zu unruhig, zu rasch, zu unregelmäßig? Dafür haben wir Mittel, eine ganze Reihe. Wir geben eine Spritze, die das Herz sogleich langsamer arbeiten läßt. Ebenso können wir ein zu träge arbeitendes Herz durch andere Mittel zu rascherem Schlag veranlassen. Gegen Leberleiden gibt es Lebermittel, gegen Gallenleiden Gallenmittel, es gibt Mittel für wie gegen alles Mögliche, nur helfen sie leider nicht dauernd, sie heilen nicht. Woher kommt das?

Weil die Krankheit im Innern des Menschen täglich neu erzeugt wird. Das Organ ist nur deshalb krank, weil im Seelischen ungesunde Zustände herrschen. Die Harmonie ist gestört; die Störung innen bekundet sich zuletzt außen.

Aufregungen, Sorgen, Nöte, Lebensangst, Ehrgeiz, Eifersucht, Enttäuschungen und dergleichen stürmen zu oft auf uns ein, lassen uns keine Ruhe, schaffen seelisches Leid, und dann ist es kein Wunder, wenn wir zuletzt herzleidend, gallenleidend oder nervenleidend geworden sind, denn jede Gemütsbewegung schlägt auf den Körper zurück. Und da sollen nun Spritzen, Tabletten oder Sanatorien helfen? Das ist unmöglich. Die Hilfe muß dort einsetzen, wo das Leiden seinen Ursprung hat, wo es täglich neu hervorquillt, und das ist die Seele, das Gemüt, die Weltanschauung, die geistige Auseinandersetzung mit den Ereignissen. Sobald dort im Innern Harmonie waltet, beruhigt sich bald auch das erkrankte Organ, denn nun wird es nicht mehr in seiner Arbeit gestört und kann von selbst gesund werden.

Wie die Harmonie herzustellen ist, wie also das grundsätzlich bittere, klagende, fürchtende, mißtrauende Denken abzustellen sei, die Neigung zum Grübeln und Sorgen, das macht den Inhalt dieses Buches aus. Ruhigstellung in Geist und Gemüt, umschalten oder abschalten können, nicht mehr ansprechbar sein für Negatives, ruhen können, unter das Schutzdach treten wenn Hagel, Regen und Sturm zu arg kommen — das ist der Inhalt.

Jeder Arzt sollte über die stets vorhandene seelische Seite der Krankheit Bescheid wissen. Der Seelenarzt speziell wird vielleicht in diesem Büchlein manches finden, das ihm bisher noch nie so deutlich klar geworden ist, doch selbst wenn ihm alles vertraut ist, vollkommen geläufig, das Buch ihm also „nichts Neues" bringt, so glauben wir dennoch, selbst dem Seelenarzt eine Verbesserung seiner Ausrüstung bringen zu können, weil hier der Stoff in deutlicher Volkssprache dargestellt ist, bildhaft anschaulich, in Gleichnissen das sagend, was die nüchterne Begriffssprache so deutlich nicht darstellen kann.

Das Büchlein soll aber auch dem Laien dienlich sein, indem es ihm manches verständlich macht, was ihm bisher stets rätselhaft vorgekommen ist. Für wahrhaft gute Leser kann aus dem Buch in vielen Fällen zweifellos Selbstheilung hervorgehen. Wenn aber der Arzt das Buch dem Patienten in die Hand gibt zur Selbstbelehrung, dann wird er sich die Arbeit ungemein erleichtern können und viel eher zum Erfolg gelangen, weil nun Arzt und Patient sich besser verständigen können. Soweit in dem Buche das Wort „Gott" vorkommt, soll damit nichts Konfessionelles, Dogmatisches gemeint sein, sondern Gott bedeutet hier jene im Menschen und im ganzen Universum wirkende unerforschliche Macht und Weisheit, die dem Verstand nicht ersichtlich sind, wohl aber wirken, und zwar nach Gesetzen, nach Plan, ein Ziel verfolgend. Diese Macht und Weisheit ist es, die den Körper aufbaut, erhält, steuert, wieder vergehen läßt und während der Lebenszeit ständig in ihm waltet, unvorstellbar fein und genau das Seelische mit dem Körperlichen verbindend und dabei mit anderen Maßstäben messend als jenen, die der Mensch anlegt. Es tut nichts zur Sache, ob wir diese Macht anerkennen oder nicht, sie waltet auf alle Fälle.

Der Verstand ist hierüber nicht Richter. Der Verstand ist mit einem Messer zu vergleichen, das gut ist zum schneiden, aber ungeeignet, um damit Suppe zu essen. Das Leben wird von ganz anderen Mächten regiert, die den Verstand zur Seite schieben, wenn er sich ihnen entgegenstellt. Jeder Seelenarzt weiß, daß ein Appell an den Verstand wirkungslos ist. Unsere Antriebe, Nötigungen und Verschreckungen kommen aus ganz anderen Bereichen, von viel weiter her.

Wie man auf diese Mächte einwirken kann, mehr oder minder, soll uns hier beschäftigen.

Die Bausteine des Themas

In Deutschland nennt man es „autogenes Training", in Indien kennt man die Methode seit Jahrtausenden unter dem Namen „Totenlage"; ihr Wesen ist Tiefentspannung, völliges Loslassen, Erquickung in Leib und Seele zugleich, Enthobenheit. Der Mensch legt sich — in besonderer Lage — lang hin und verabschiedet alles Denken, bis ein seliger Friede den Körper wie das Gemüt durchströmt, weil jetzt vom Ich nichts weiter vorhanden ist als ein ganz schwacher Rest, in dem es kein Denken um Angst, Sorge, Furcht oder Not gibt, sondern nur noch das Wahrnehmen heilender jenseitiger Mächte im Menschen, das Empfinden göttlicher weltenthobener Geborgenheit. Durch den Körper strömt wohlige Wärme, alles löst sich, auch seelisch. Es gibt keine Probleme mehr, keine Bedrängnis, kein Ich. In diesem Zustand kann man sich Suggestionen eingeben, die sich auf Behebung körperlicher wie seelischer Nöte beziehen. Nachher steht man wie ein Verwandelter auf, alles erscheint anders.

Eine Frau, die es erlebt hatte, schrieb mir hierüber: „Seit ich die Tiefentspannung kenne, ist mein Leben anders geworden. Wenn mir heute etwas zu dumm wird, gehe ich in Entspannung, und wenn ich wieder herauskomme, begreife ich kaum noch, wieso ich mich vorher so sehr hatte aufregen können. Ich sehe die Menschen an und bedaure sie von Herzen, wie sie so blind und unvernünftig leben können, so grundverkehrt. Mein bisheriges Herzleiden ist weg, ebenso die bisherige nervöse Sprechsucht. Meine Ehekonflikte, die mich bis dahin krank gemacht hatten, sehe ich jetzt anders an; sie sind noch vorhanden, doch sie erregen mich nicht mehr und greifen nicht mehr meine Gesundheit an."

Mit anderen Worten: man kann aus dem Bereich der Stürme und Hagelschauer heraustreten, sich „unterstellen". Das Wetter braust dann an einem vorüber, bis man sich genug erholt fühlt, um den Weg wiederaufnehmen zu können.

Tiefentspannung, autogenes Training, Totenlage — es ist alles das gleiche, nur die Benennungen sind verschieden.

Um zur Praxis zu gelangen, zur Beantwortung der allein wichtigen Frage „wie macht man das?", müssen wir von verschiedenen Seiten her auf das Problem losgehen, jedesmal stückweise, bis wir aus den Stücken das Ganze zusammensetzen können. Das Ziel ist erreicht, sobald wir wahrheitsgemäß sagen können: „Ich errege mich nicht mehr, ich grüble nicht mehr im Kreise umher. Ich gräme mich nicht, ich kann mich über die Leidenschaften erheben. Ich gewinne viel früher als sonst die Ruhe zurück." Wer dies von sich sagen kann, bei dem geht die Arbeit der Organe im Körper ruhig vonstatten, und das bedeutet Gesundheit, soweit nicht Ernährungsfehler begangen werden oder sonstwie gegen die Natur verstoßen wird.

Kurzweg mit roher Technik einfach „anfangen" kann man in diesen Dingen nicht. Zunächst müssen verschiedene neue Einsichten gewonnen werden, besonders diese: über allem steht Gott! Wir meinen damit nicht Theologie, Kirchenlehre, sondern jene für den Verstand nicht erklärbare hohe Macht, die stumm und still in der Natur waltet, alles erschaffen hat, alles lenkt, Pflanze, Tier und Mensch mit der vollkommen rätselhaften Gabe des Lebens beschenkt hat, und die während des Lebens den *Gang* des Lebens beobachtet und jedesmal lenkend eingreift.

Wir leben nicht, sondern *werden* gelebt. Verstand ist hierbei unnötig. Wir schlafen, wissen überhaupt nicht, daß wir da sind, tun aus eigener Macht nichts, und doch geht das Leben in uns weiter. Eine geheimnisvolle hoch über uns stehende Instanz läßt uns atmen, läßt den Kreislauf gehen, bildet Hormone und reguliert das Tröpfeln der Hormone in uns. Diese hohe, jenseitige Instanz *denkt* sogar in uns. Die Träume geben uns den Beweis. Wir schlafen, haben keinen Willen, und doch sehen wir Traumbilder durch unser Bewußtsein ziehen, und das heißt: nicht *wir* denken, sondern etwas Höheres, Anderes denkt und läßt uns dabei nur eben zuschauen. Gänzlich ohne unser Wissen oder Veranlassen nimmt das Leben in uns seinen Gang. Milliarden von kleinen Heinzelmännchen besorgen die Arbeit des Lebens in uns, ohne daß wir davon etwas wissen. Sie heben und senken Leib und Brust im Atemgang, lassen das Blut zirkulieren, besorgen die Umwandlung von Nahrungsstoffen in Kraft, sie bauen die Körperzellen um und ab und lassen neue Zellen entstehen, sie sind Chemiker und Physiker, großartige Bauleute, und dies alles besorgen sie mit unvorstellbarer Feinheit und weit vorausschauender Weisheit. Die über ihre Arbeit wachende Macht und Weisheit nennen wir in Ermangelung eines sonstigen Namens „Gott" und wissen dabei, Gott waltet im Neger wie im Eskimo, im Christen wie im Nichtchristen, sogar im radikalen Materialisten. Wir können über diese Macht nur das eine aussagen: sie existiert, sie wirkt und geht dabei gesetzmäßig vor, sie hat Absichten.

Und nun folgt ein Satz, den der Leser sich bitte merken möge:

Die hohe Macht arbeitet am besten, wenn wir sie in Ruhe lassen, also nicht mit persönlichen Wünschen ihre Arbeit stören.

Diese Macht meint es gut mit uns, sie ist allemal bestrebt, uns zu dienen. Sie sorgt dafür, daß Wunden heilen, Muskeln und Organe sich erholen, die Nerven ausruhen, sie ordnet die Erlebnisse und speichert sie im Gedächtnis auf, der Körper empfängt neue Kraft — dies alles geschieht am besten während wir schlafen. Am anderen Morgen stehen wir erquickt und gestärkt auf. Sogar guter Rat ist uns über Nacht zugesandt worden. Mit anderen Worten: eine durchaus wohlwollende, treu über uns wachende höhere Macht hat jenseits unseres Bewußtseins für uns gesorgt. Die Bibel sagt mit Recht: „Der Herr gibt es den Seinen im Schlaf."

Kaum aber sind wir erwacht, so schaltet sich unser Ichbewußtsein ein, wir erinnern uns „ich bin ich", der Wille springt auf, und damit stehen sogleich unsere Schmerzen, Nöte, Wünsche und Befürchtungen auf, und schon beginnen wir, die im Schlaf zusammengetragene Kraft zu verausgaben, und dies weiter, bis die höhere Weisheit sich sagt: „Wenn der Mensch mit seinem Ichstreben und den daraus folgenden Ängsten und Begierden jetzt nicht aufhört, zerstört er sich selbst." Und schon kommen zu unserer dringend nötigen segensreichen Behütung und Bewahrung Müdigkeit und Schlaf und zwingen uns, mit der Unvernunft aufzuhören. Politik, Wissenschaft, Kunst, Geschäftemachen, Sorgen, Grübeln, Hadern — alles wird stillgelegt. „Schlaf', Kindchen, schlaf'!"

Alles wirklich Wichtige und Unerläßliche wird von jenseits her besorgt; dem Menschen ist nur ein gewisser Spielraum überlassen, und dort spielt er Geschäfte, Krieg und Leidenschaften, bis Mutti ihn heraufruft:

„Komm, Kind, komm! Jetzt wird gegessen und dann wird geschlafen!" Dann müssen selbst die schönsten Spiele abgebrochen werden, denn alle Spiele mögen noch so schön sein, doch Essen und Schlafen sind *Ernst*.

Die von Gott herkommenden Kräfte arbeiten an uns zu unserem Heil. Vor allem bringen sie uns das Leben, indem sie den Atem in uns einziehen und wieder ausgehen lassen. Nur indem uns Gott den Atem zusendet, leben wir. Nur durch den Atem behält der Körper Leben und Bestand. Ohne den Atem zerfällt der Körper, Denken und Empfinden hören auf, die Leiche verwest.

Nun aber stören wir die weise waltende Allmacht fortgesetzt durch Aufträge aus dem Ich, das nur sich selbst kennt, nur die eigene Person, die eigenen Wünsche und Ängste. Wir machen es am besten durch ein Gleichnis klar.

Da ist die Hausfrau, sie freut sich, daß der Mann im Büro ist, die Kinder sind in der Schule, also wird sie jetzt einmal die dringende gründliche Aufräumung der Wohnung vornehmen. Kaum aber hat sie mit der Arbeit begonnen, so kommt ein Mann, der ihr einen neuen Staubsauger aufschwatzen will, und solange sie mit ihm zu reden hat, muß sie das Aufräumen unterlassen. Kaum ist der Mann mit dem Staubsauger abgetan, so kommt ein anderer, der ihr ein neues Waschmittel aufschwatzen will, und wieder muß die geplante Aufräumungsarbeit ruhen. Alsdann — kaum daß sie mit dem Aufräumen nun endlich begonnen hat — kommt jemand mit der Bitte, bei der nicht im Hause befindlichen Nachbarin etwas auszurichten (er setzt es ihr deutlich und langatmig auseinander), und so kommt eine Abhaltung nach der anderen, so daß sie zu nichts kommt. Doch endlich hat sie Ruhe, die Türglocke bleibt stumm, die Arbeit kann nun ernstlich begonnen werden, das Resultat beginnt sich bereits abzuzeichnen, doch da, mitten im schönsten Schaffen, kommt ihre Schwägerin, und sie weiß schon, wenn *die* kommt ... Ihre Besuche enden nicht vor zwei Stunden. Die ganze Zeit (wertvolle Arbeitszeit) geht hin im Geschwätz. Und so kommt es, daß gegen Abend die Wohnung nur sehr oberflächlich hergerichtet ist, die Hausfrau ist müde, und nichts ist geschaffen worden.

Genauso strömen im Menschen die wunderbaren Kräfte Gottes zusammen, Millionen kleiner Heinzelmännchen, alle des guten Willens voll, zu arbeiten, zu schaffen, aufzuräumen, Schäden auszubessern, zu heilen, zu reinigen, doch wir lassen sie nicht an die Arbeit gehen, sondern erteilen ihnen fortgesetzt ganz andere Aufträge. Sie sollen das Aufbauwerk ruhen lassen und zunächst einmal dies und das tun, hierhin gehen, dorthin gehen, dies und jenes besorgen, lauter Aufträge aus dem Ich. Sie sollen ihre Kraft hergeben, damit wir unseren Haß verfolgen können, unseren Neid, unseren Zorn, sie sollen die schöne Gotteskraft an recht viel Grübeln und Grämen verschwenden, an den Rückblick ins Vergangene, an die Sorge um die Zukunft. Unserem Ehrgeiz sollen sie dienen, Geld herbeischaffen, Mauern des Mißtrauens errichten ... Dann freilich können sie die vorgesehene dringend nötige Arbeit des Aufbauens nicht verrichten. Es ist so, als beordere die Frau Direktor zehn Arbeiter aus der Fabrik zum Teppichklopfen und für Gartenarbeiten, doch in der Fabrik fehlen nun diese zehn Leute bitter. Die Produktion leidet.

Und dabei ist dem Menschen ausdrücklich gesagt, wie er leben solle! Er soll sich nicht in Sorgen und Ängsten verzehren, in Gram, Hader, Grübeleien, sondern auf

Gott vertrauen, der alles zur rechten Zeit bewirken wird. So aber leben wir nicht. Wir mißtrauen Gott, wir glauben nicht, daß er für uns sorgt, wir denken, wir müßten alles aus eigener Kraft bewirken, und dann freilich kommen wir nie zurecht und können dem Leben nur mit Angst und Sorge zusehen. Ebenso vergeuden wir Kraft nutzlos, wenn wir in die längst fertig gewordene unabänderliche Vergangenheit schauen, meist mit Klage und Verwünschung. Jeder Gedanke kostet Kraft, jede eingeschaltete Lampe kostet Strom.

Ferner ist uns gesagt worden, wir sollten unseren Nächsten *lieben!* Doch das tun wir nicht, sondern bekämpfen ihn, konkurrieren mit ihm, mißtrauen ihm, hassen ihn sogar, beobachten ihn, urteilen über ihn, suchen ihn zu übervorteilen, auszunützen, zu überflügeln und knurren ihn an, so oft wir uns beleidigt fühlen, und das sind wir leicht.

Mit alledem verbrauchen wir die wunderbaren Kräfte, die Gott uns gegeben hat und jeden Tag neu zusendet, in sinnwidriger Weise, ganz und gar den Absichten der Schöpfung zuwider, und dann freilich können sie in uns nicht heilend, fördernd, aufbauend wirken. Wir schicken sie ja dauernd umher mit betriebsfremden Aufgaben. Wir streben nicht nach Erfüllung der Absichten, die Gott mit uns hat, sondern nach Erfüllung unserer persönlichen Wünsche.

Hat uns Gott dazu das Leben gegeben? Hieran denkt niemand. Jeder denkt, das Leben sei ihm gegeben zur Verwendung nach Belieben. Es ist so, als dächte ein Angestellter, er habe Anspruch auf Gehalt, ohne dafür etwas leisten zu müssen. Gott ist der große Arbeitgeber, die Welt ist „der Weinberg des Herrn". Durch den Atem empfangen wir unsere Gehaltszahlung. Doch wir nehmen das Leben entgegen, ohne für den Arbeitgeber etwas zu tun, ja, ohne uns um ihn überhaupt zu bekümmern. Da er nie in Person auftritt, halten wir ihn für nicht-existent. Haben wollen wir alles, geben und leisten wollen wir nichts. Und dann wundern wir uns?

Krankheit und Tod sind zuletzt das Ergebnis. Gott sendet uns das Leben nicht länger zu, weil wir es so sinnwidrig anwenden. Zunächst mahnt er uns durch Unpäßlichkeit und seelische Verstimmung, Unruhe im Gemüt und Krankheit, doch wir beachten die Warnungen nicht und lassen von der Unvernunft nicht ab, wir klagen und trotzen nur. Wir fühlen uns vom Leben betrogen, ohne zu bedenken, daß wir es sind, die das *Leben* betrogen haben. Die Welt ist nämlich nicht für uns da, sondern wir sind für die Welt da. Helfen, fördern, mitarbeiten und lieben sollen wir; dazu wurden wir ausgerüstet.

Je weniger sich ein Mensch darum bekümmert, je ichsüchtiger er lebt, um so härter versündigt er sich gegen Gott und um so heftiger leidet er, so oft er gegen die göttliche Mauer anrennt. Jedesmal wenn er sich aufregt oder fürchtet oder grämt, strapaziert er Herz und Nerven, Galle, Leber, Verdauung, Kreislauf usw. Er könnte gesund werden, wenn er die Heinzelmännchen in Ruhe arbeiten ließe, doch davon weiß er nichts, und selbst wenn er es wüßte, würde er sich nicht darum bekümmern. Er kann nicht weit genug denken, er sieht immer nur sich, sich selbst, seinen Willen.

Zahllos sind die Hilfesuchenden, die in Wirklichkeit nur an *einem* Übel leiden: Störung im Gemütsleben! Sie leiden an ihren Leidenschaften, ihrem Ichbegehren, ihrem fehlgerichteten Denken. Sie haben die und die Vorstellung vom Leben, die und die Wünsche, die und die Ängste, und das schafft ihnen die Hölle. Das Leben schmeckt ihnen nicht mehr, sie erkennen nichts Schönes und Gutes darin, sie sehen nur, daß ihnen vorenthalten wird, was sie unbedingt haben wollen. Das Gesicht wird trübe, der Mund wird bitter, Ton, Blick und Haltung verändern sich, im Körper meldet sich Krankheit, Müdigkeit, doch diese Zeichen erkennen sie nicht der Bedeutung gemäß, sie ahnen noch nicht einmal den Zusammenhang. Sie denken, das Übel sei von außen an sie herangetreten.

Maßgebend ist, was sich in unserem Bewußtsein abspielt. Hier bildet sich unsere Denkweise, unsere Ansicht zur Sache, unser Wille, unser Verhalten. Wir empfinden das Bewußtsein als oben hinter der Stirn befindlich. Was *dort* auftaucht, hat Kommandogewalt und verlangt Ausführung. Hier können sich die verschiedensten Leitbilder einstellen, Haß, Neid, Furcht, Angst, Sorge, Zorn, Gier usw., doch ebenso Liebe, Güte, Freundlichkeit, Lebensvertrauen, Mut usw. Je nach dem Bilde oben erfolgt unten die Ausführung. Hassen wir, so verkrampfen sich die Gesichtszüge, das Herz, die Verdauung, die Gefäße, die Zellen. Der Kreislauf wird eingeengt, die Drüsen liefern andere Hormone, kurzum, *die Gemütswallung geht durch den ganzen Körper bis in die letzte Feinheit und verändert ihn*. Sind wir freundlich gesinnt, so entspannen sich die Gesichtszüge zum Lächeln, der Atem geht freier und voller ein, Ton, Blick und Haltung beleben sich. Denken wir deutlich genug, wir seien müde, so stellt sich Müdigkeit im ganzen Körper ein, denken wir aber, es sei groß und schön, dies oder das zu verwirklichen, so fließt die zur Ausführung erforderliche Kraft und Frische in den Körper ein. Wer täglich mit Unlust an die Arbeit geht, wird sehr bald schlecht arbeiten; wer die Arbeit liebt, arbeitet gut. Wenn wir sorgenvoll oder in Erregung essen, bekommt uns das Essen nicht. Die Gemütsstimmung wirkt augenblicklich in den

Körper hinein. Es hängt somit alles von dem Bilde ab, das wir oben im Bewußtsein recht oft hegen, pflegen und fördern. Das Denken wirkt in den Körper hinein, ganz gleich, ob wir negativ oder positiv denken. Die Lehre daraus lautet: beherrsche dein Denken, so hast du weitgehend Herrschaft über den Körper, Herrschaft über deine Entschlüsse, deine Leidenschaften und damit über dein Schicksal. Wer diesen Satz nicht anerkennen kann, braucht eigentlich kaum weiterzulesen. Er wird so leben, wie es ihm in den Sinn kommt und begibt sich in jene Gefahr, die dem Betrunkenen droht, der quer durch den Großstadtverkehr geht. Sehr bald wird er unter den Rädern liegen. Der Verkehr paßt sich nämlich nicht ihm an, sondern er hat sich dem Verkehr anzupassen. Hieran kann er sogar durch „Willensstärke" nichts ändern.

Was wir „oben" hineinsetzen, wirkt sich „unten" aus. Wie wir denken, so leben wir. Was der Mensch säet (durch sein Denken!), wird er ernten.

Ins Bewußtsein kann alles mögliche hineintreten, Kluges wie Dummes, Heiliges wie Verbrecherisches, Wildwütiges wie Grundgütiges, doch beides wirkt sich aus. Es handelt sich also darum, oben nur das einzusetzen, was letzten Endes heilsam für uns ist. Wer nun glaubt, heilsam und erstrebenswert seien Geld, Macht, Genuß, Ehre vor den Leuten, Erfüllung der Sexualwünsche usw., der braucht nur sein Denken dauernd mit solchen Bildern zu besetzen, so erlangen sie bald genug Macht, ihn dementsprechend *leben* zu lassen, doch er verstößt dabei gegen das Grundgesetz „du sollst deinen Nächsten lieben" und zieht sich daher die naturnotwendigen Folgen zu. Er verzerrt sich, verkrampft sich, will sein Ich durchsetzen und stört damit jedesmal die Arbeit der Heinzelmännchen. Der Ichsüchtige wird überall auf Widerstand treffen, den Widerstand will er brechen, beseitigen, alles soll nach seinem Eigensinn gehen, das Gebot der Liebe kennt er nicht, er hält es für albern, mindestens weltfremd, auf Gottes großen Gesamtplan nimmt er keine Rücksicht (er hat nie davon gehört und hält unsere Darstellung für Pfaffengewäsch), und so ergibt sich das Schicksalsbild der Millionen: sie hadern, grollen, ängstigen sich, überziehen die Kräfte, hassen, lieben, wünschen, scheitern sehr oft und haben davon ihre Kreislaufstörungen, Gallenleiden, Magenleiden, Nervenleiden usw. Um vernünftige Diät bekümmern sie sich nicht, die Gaumenfreuden locken zu sehr, innehalten und ausruhen wollen sie nicht, Arme und Beine werden kaum noch benutzt, die Körperhaltung wird vernachlässigt — „es ist ja so egal" — und dann . . . „Ach ja", seufzen sie und klagen Gott und die Menschen an, die Verhältnisse und das Schicksal, doch zur Einsicht kommen sie nie.

An diese Zusammenhänge sollte der Arzt denken, wenn er den Kranken heilen will.

Erste Zusammenfassung

Nur ein friedliches Denken gestattet friedliche gesunde Arbeit im Innern des Körpers. Ein dauernd freundliches Denken, duldsam und liebend, bringt wohltuend verspürte gute Arbeit im Körperinnern herbei, während negatives Denken die Gesundheit zerfrißt. Der unfreundlich oder sorgenvoll denkende Mensch atmet viel schwächer und flacher als normal, drosselt damit die Lebenskraft ab und macht sich krank.

Man kann es erproben. Mache ein betont drohendes Gesicht und beobachte dabei den Atem! Er kommt nicht frei, nicht voll herein, und doch ist der Atem der Träger der Lebenskraft! Lächle freundlich, denke Gutes, und siehe, der Atem kommt breit und voll herein und läßt dich geradezu aufblühen, aufleben! Das bedeutet: die höhere Macht außer dir, die alles verwaltet, alles weiß und sieht und blitzschnell umrechnet, sie sagt sich: „Wenn dieser Mensch auf Unfreundliches, Hastiges, Gieriges, Drohendes aus ist, auf Lieblosigkeit, halte ich die Kraft zurück, ist er aber auf Freundliches, Helfendes, Förderndes aus, Liebendes, so lasse ich ihm die Kraft reichlich zuströmen, denn jetzt dient er mir, jetzt erfüllt er seinen Auftrag."

Damit sind wir, das Problem gewissermaßen einkreisend, zu soviel Verständnis gelangt, wie nötig ist, um weiterzugehen, auf die Praxis zu, denn die allein wichtige Frage lautet ja wohl „wie *macht* man das?" Bloße Beschreibung hat keinen Wert. Diagnose ist keine Therapie.

Nur noch eines sei hier bemerkt: alles hier Gesagte ist nicht Theologie, sondern reine Heilkunde. Eine Heilkunde ohne Gott ist wie ein Sieb, das nichts halten kann. Der Herr ist tatsächlich der *Herr*. Über dem Herrn ist nichts, doch alles, was unter ihm ist, hängt von ihm ab. Wenn wir Atem, Kreislauf usw. selber machen könnten, würden wir „frei" sein„ doch indem wir Atem, Kreislauf usw. nur *empfangen* können, sind wir „Knechte", Abhängige, Untertanen. Atem, Kreislauf und Denken hängen untrennbar miteinander zusammen, doch das Denken ist das Bestimmende. Augenblicklich richten sich Atem und Kreislauf nach dem Denken. Wenn wir sagen „Atem und Kreislauf", so meinen wir damit noch viel mehr, wir wollen es nur nicht immerzu aufzählen. Die Drüsentätigkeit gehört mit dazu. Bei Erregung schießt ausdrücklich Adrenalin ins Blut, der Magensaft verändert sich, *alles* verändert sich. Jeder Arzt weiß das, doch *denkt* er auch jedesmal daran?

Und nun lassen wir das und gehen von einer ganz anderen Seite her an unser Problem heran, um zuletzt alles beisammen zu haben, was zu der Frage gehört: „Wie macht man das?"

Inhalte im Bewußtseinsfeld

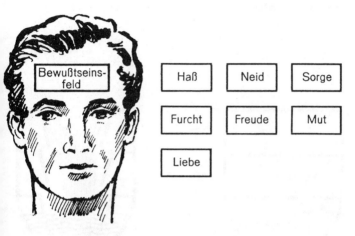

usw., also alles „Erdenkliche", alles „Vorstellbare" (Zorn, Güte, Geduld, Begier, Bescheidenheit, Ideale, Pläne usw.).

Wir kennen die Redensart „Er hat es sich in den Kopf gesetzt", „er denkt dauernd daran", „er hat sich darauf konzentriert". Das heißt, oben im Bewußtseinsfeld hat sich ein bestimmtes Bild festgesetzt, eine Vorstellung, und hieran denkt er unausgesetzt, er läßt andere Bilder einfach nicht ein. Je länger er es so treibt und je stärker und deutlicher die Vorstellung jedesmal ist, um so mehr erfüllt sich das Bewußtsein damit und saugt sich mit dieser Vorstellung voll wie ein Schwamm, der von Tropfen zu Tropfen immer schwerer wird.

Zuletzt hat die Vorstellung soviel Gewicht angenommen, daß sie den tragenden Unterboden aufdrückt und nun ins Unbewußte hinunterdringt, in die Wesenstiefe, ins Selbstverständliche, ins Instinktive.

Von da an brauchen wir nicht jedesmal erst zu denken, sondern reagieren bereits von selbst, unbewußt, das heißt wir handeln jetzt so, wie es dem Vorstellungsbild entspricht, ohne zu prüfen und zu fragen.

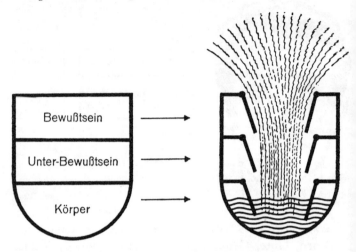

Die Vorstellung dringt ein ins *Bewußtsein*, erlangt dort Gewicht und drückt nach unten die Falltür auf, gelangt ins *Unbewußte*, hat auch dort Gewicht und fällt nun nach unten in den *Körper*, wo sie sich auswirkt.

Herr Maier geht in die Fahrschule, lernt mühsam die Verkehrsordnung und die Handhabung des Autos und fährt mit Angstverkrampfung seine ersten Alleinfahrten. Jedesmal muß er scharf nachdenken und das Gedächtnis bemühen, um zu wissen, was jetzt zu tun sei, und das tut er dann eckig, hart und ungeschickt. Bis ... bis er so oft gefahren ist, daß er jetzt ohne zu denken instinktiv richtig fährt, mühelos, sogar elegant. Sein Unterbewußtsein hat die Fahrkunst aufgenommen. Der Körper reagiert jetzt von selbst.

Die hieraus zu entnehmende Erkenntnis lautet: zunächst muß alles mühsam ins Bewußtsein aufgenommen werden, viele Male wiederholt werden, dann dringt es ins Unbewußte und von da aus wird der Körper regiert.

Wenn jemand uns sagt, der Kalbsbraten sei Pferdefleisch gewesen (und wir haben eine lebhafte Phantasie), dann kann die bloße Vorstellung „Pferdefleisch" bewirken, daß sich der Magen umkehrt. Derart stark tritt eine bloße Vorstellung in den Körper ein. Wir werden auf einer Lüge ertappt, werden uns dessen bewußt, und schon rötet sich das Gesicht, das heißt der ganze Kreislauf arbeitet wie wild. Vor Schreck ziehen sich die Blutgefäße zusammen, und wir werden blaß, auch der Magen erschrickt, die Verdauung hält an.

Wir fürchten uns sehr oft, hegen und pflegen die Furchtgedanken, und bald werden wir im ganzen Wesen furchtsam sein und nach dem Leitbild der Furcht handeln. Wir fürchten uns, und schon kommt der Atem nur noch halb und bringt uns nur die Hälfte dessen, was er eigentlich bringen könnte. Insbesondere Wut, Neid, Groll usw. stören die Gesundheit. Je *heftiger* die Gemütsbewegung, um so drastischer die Auswirkung im Körper. Ebenso gilt der Satz: je *häufiger* die Gemütsbewegung, um so mehr wirkt sie bestimmend. Selbstverständlich wirken nach dem gleichen Gesetz positive Gemütszustände gesundmachend. Freude, Mut, Hoffnung, Zuversicht, aufrichtige Liebe, die schenken will, Heiterkeit und Gelassenheit, das sind jedesmal Anreger des Atems (der Lebenskraft) zu besserer Arbeit und wirken damit entspannend, kraftgebend, heilend.

Gesundheit wie Krankheit hängen weitgehend von unserer Denkweise ab. Diesen Satz sollte sich der Leser einprägen.

Der Hergang der Bewußtseinsfüllung

Der Lehrer bemüht sich, Fritzchens Bewußtsein mit dem Einmaleins zu füllen, doch die Bemühung scheitert, weil Fritzchens Bewußtsein schon mit anderen Dingen erfüllt ist. In ein Gefäß, das schon voll ist, kann man nichts hineingießen. Der Unterricht prallt wirkungslos ab. Er sieht bei Fritzchen wie folgt aus:

Der Unterrichtsstoff prallt ab

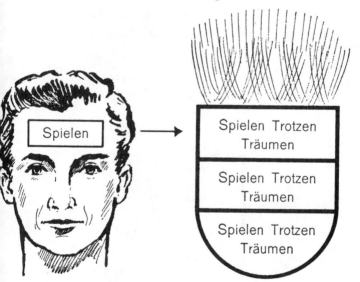

Der Unterrichtsstoff kann nicht ins Bewußtsein dringen, da das Bewußtsein schon von anderen Bildern erfüllt ist, die nicht weichen wollen. Der Lehrer redet, doch Fritzchen hört nicht zu, er nimmt nichts an.

Der Lehrer ist ein beharrlicher Mann, auch weiß er schon, wie er es machen muß. Tag für Tag bohrt er

Fritzchens Bewußtsein sozusagen an. Durch die Bohrlöcher dringt nun immerhin einiges von dem Einmaleins ein. Nur sehr wenig kann eindringen, das meiste prallt immer noch ab, doch im Laufe der Zeit hat sich das Einmaleins im Bewußtsein heimisch gemacht, und jetzt kann Fritzchen schon beinahe ganz nett rechnen. Noch ein Halbjahr weiter, so braucht man ihn nur zu fragen, und schon weiß er „viermal neun sind sechsunddreißig, fauler Esel, lerne fleißig!" Er „weiß" es nicht, er rechnet es nicht mühsam aus, sondern es liegt ihm bereits in Fleisch und Blut, es ist jetzt „eingedrungen".

Das Bild sieht wie folgt aus. Immer noch prallt das meiste ab, doch etliches dringt durch.

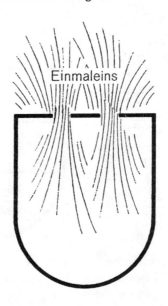

Schlimm ist es, wenn Fritzchen hintereinanderweg lauter verschiedene Bewußtseinsinhalte in sich hineinläßt, ohne einen davon festzuhalten. Dauernd sieht er oben im Bewußtseinsfeld andere Bilder, und dann natürlich kann er das Einmaleins nicht behalten. Sehr schlimm für ihn. Auch später im Leben wird er zu denen gehören, die sehr viel denken, viel zuviel, immerzu anderes, doch nichts davon bleibt haften, nichts kann Wurzel schlagen, sich entfalten und Früchte tragen.

Wir gelangen damit zu dem grundwichtigen Kapitel der „Konzentration", geben aber darüber keine akademische Abhandlung, sondern stellen die Sache durch ein Gleichnis dar.

Konzentration

Sich konzentrieren heißt nicht etwa, auf eine bestimmte Sache krampfhaft hinstieren, sondern ruhig und gelassen bei einer und derselben Sache verweilen, solange verweilen, bis sie in uns eingedrungen ist (und sich mit anderen Sachen *nicht* abzugeben).

Beispiel: Wir gehen in ein Museum und sehen innerhalb von sechzig Minuten sechshundert Bilder an. Was haben wir gesehen? Einen riesigen Bildersalat, in Wirklichkeit gar nichts. Für jedes Bild hatten wir nur sechs Sekunden Zeit gehabt, doch das genügt nicht, um ein Bild zu erfassen. Kaum hatten wir es angesehen, so ist schon ein anderes ins Bewußtseinsfeld getreten. Nichts hat eindringen können. Nun aber *verweilen* wir bei einem Bilde, gehen *nicht* weiter, *bleiben* dabei, bleiben noch *länger* dabei, und jetzt endlich sehen wir wenigstens dieses *eine* Bild. Wir sehen es nicht mit Vorurteil an, nicht mit bestimmten Absichten oder Erwartungen, sondern fragen nur: „Was sehen meine Augen?" Und nun sehen wir (beispielsweise): „Es sind da zwei Figuren, und zwar zwei männliche Figuren. Die eine Figur steht mehr links, die andere mehr rechts. Die eine Figur steht aufrecht, die andere gebückt. Die eine Figur ist in Orange gekleidet, die ander in Blau. Bei der einen Figur spannen sich die Falten des Gewandes quer, bei der anderen fallen sie senkrecht. Was machen die beiden? Sie blasen eine Art von Posaune, sie verkünden eine Botschaft, eine dringliche. Sie stehen auf der Erde, sie heben sich gegen den Himmel ab. Usw. usw."

Und nun schließen wir die Augen und fragen uns: „Wie hält die vordere Figur ihre linke Hand?"

Das wissen wir nicht? — Gut, dann schauen wir das Bild noch länger an, noch öfter, bis wir das Bild so deutlich in uns sehen — *in* uns —, daß wir es, wenn wir ein guter Zeichner wären, ganz genau nachbilden könnten, ohne hinzusehen. Jetzt erst haben wir das Bild wirklich gesehen. Vorher hatten wir es nur angesehen, flüchtig in uns aufgenommen und beim nächsten Bild wieder vergessen, doch jetzt endlich sitzt es, es ist in uns eingedrungen, unvergeßlich.

Das also ist Konzentration: so lange bei einer Sache verweilen, bis das Betrachtete Zeit gehabt hat, sich in uns einzusenken.

Der Erfinder konzentriert sich auf seine Erfindung, indem er dauernd daran denkt, alles andere unbeachtet lassend. Der Dichter konzentriert sich auf seine Idee, der Kaufmann auf seine Unternehmung, der Liebende auf seine Liebe, der Hassende auf seinen Haß, der Furchtsame auf seine Furcht, der Mutige auf den guten Ausgang, und hieran halten sie fest, ohne sich von anderen Gedankenbildern ablenken zu lassen. Von da an beherrscht das Bild unser Wesen, durchdringt uns, geht in Fleisch und Blut über und wirkt auf unser Verhalten ein. Es ist jetzt vermöge seines Gewichts aus dem Bewußtsein ins Unterbewußte hinuntergedrungen und wirkt dort, ohne daß wir uns wissend darum zu bemühen brauchen. — *Ohne daß wir uns wissend darum zu bemühen brauchen!*

Richtige Auswahl der Vorstellungsbilder

Ins Bewußtsein hineinsetzen können wir alles Mögliche, jede beliebige Vorstellung. Tun wir es deutlich genug, lange genug, oft genug, dann dringt die Vorstellung ins Unterbewußte und setzt dort Kräfte in Gang, die stärker sind, auch weiser, als alles, was wir aus eigener Macht vollbringen könnten.

Wir sollten uns demnach vorsehen, welchen Gedanken wir Erlaubnis geben, in uns zu verweilen und sich großzumachen, denn nur gute Gedanken erzeugen Gutes; böse Gedanken erzeugen Ungutes.

Denke unausgesetzt an Geld, Macht, Ansehen, so beherrscht dieses Denken zuletzt das Bewußtsein, läßt andere Gedanken nicht zu und macht dich erfolgsgierig, brutal, rücksichtslos und unermüdlich. Ergib dich recht innig und recht oft dem Haß, so werden alle deine Handlungen vom Haß bestimmt werden. Denke unausgesetzt an Erotisches und Sexuelles, so wirst du überall im Leben nur dieses eine sehen, dich nur für dieses eine interessieren, diesem einen zuliebe alles andere opfern und in des Teufels Küche gelangen. Nähre die Eifersucht recht innig, male sie dir in Bildern aus, schwelge darin, so kannst du zuletzt zum Mörder werden. Stelle dir so oft wie möglich im Bewußtsein Gutes und Liebes vor, so wirst du ein liebevoller, überall gern und mit Achtung gesehener Mensch werden. Denke unausgesetzt nur an dich, deinen Vorteil, so wirst du ein Egoist, den niemand lieben mag.

Damit kommen wir auf die „moralische Skala", die Tabelle der Werte. Sie belehrt uns darüber, was für uns heilsam und was unheilsam ist.

Unheilsam ist alles, was nur der eigenen Person dienen soll ohne auf andere Rücksicht zu nehmen. Die Welt gehört nämlich nicht dir allein, sondern allen anderen ebensogut. Willst du rücksichtslos nur deinen Vorteil durchsetzen, deine Ansichten, deine Eitelkeit, deine Ansprüche, so rennst du unausgesetzt gegen andere an, die ebenso denken, nur leider umgekehrt, und das erzeugt Stöße, Reibungen, Verletzungen, Kampf, Streit, Neid und Haß, manchen Grimm, sehr oft bittere Enttäuschung, sehr oft Prügel und Niederlagen, aus denen dann die Minderwertigkeitsempfindungen hervorgehen, Mutlosigkeit, Verzagen. Du hattest mehr haben wollen, als dir zustand, und das rächt sich. Selbst wenn du Sieger bleibst, hast du zwar den Sieg gewonnen, doch dafür die Liebe verloren und wirst immer einsamer. „Wer sich selbst erhöht, der wird erniedrigt werden."

Der Mann unterjocht die Frau, die Frau unterjocht den Mann, sie beide zwingen den Kindern ihren Willen auf . . . Das ist jedesmal „Sieg", doch mehr noch Niederlage, denn lieben kann man den Sieger nicht. Was aber hat der Mensch davon, wenn er zwar alle Schätze der Welt gewinnt, doch Schaden nimmt an der Seele?

Die Wahrheit über die Welt, Gott und den Menschen lautet unerbittlich wie folgt: Eigentümer und Herr der Welt ist Gott, nicht der Mensch! Überlasse daher das Regiment der Welt Gott und plage dich nicht selbst damit ab. Du bist viel zu kurzsichtig, um urteilen zu können. Du weißt allerlei, doch längst nicht genug.

Setze dir diese Wahrheit recht oft ins Bewußtsein und konzentriere dich darauf, dann wirst du um vieles ruhiger und grübelst nicht mehr über die Frage nach, weshalb der Maikäfer sechs Beine hat, der Mensch nur zwei.

Was wird die Zukunft bringen? Das weiß niemand, auch der schärfste Denker kann es nicht herausfinden. Die Zukunft wird das bringen, was sie bringt, sobald sie da ist. Verbiete dir solches unnütze Grübeln, lasse es oben im Bewußtsein nicht groß werden, verbanne solche Bilder und wirf sie hinaus, wenn sie sich einstellen wollen. Hege und pflege sie nicht.

Gib deinen Eigensinn auf! Sieh endlich ein, daß am Dornbusch nicht Feigen wachsen können. Das Leben ist selten so, wie du es dir wünschest, sondern so, wie es ist. Deine einzige Aufgabe besteht darin, mit dem Leben so, wie es sich darbietet, jedesmal in der bestgeeigneten Weise fertig zu werden.

Wissen können wir nur, was *heute* ist, jetzt, in diesem Augenblick, und zu tun ist jedesmal nur das, was *jetzt* zu tun ist. Alles andere ist Unsinn.

Ottchen ist noch ein ganz kleiner Junge, er liegt im Kinderwagen, hat den Schnuller im Mäulchen und freut sich über die Klapper, die vor dem Wagen hängt; seine Eltern aber fragen sich, ob er wohl ein aufgeweckter Knabe sein wird? Wird er sein Abitur machen? Wird er gut verdienen? Wird er die rechte Frau heiraten? — Indem wir unsere Geisteskraft an solche Fragen wenden, womöglich gar noch mit Befürchtungen, vergeuden wir unsere Kraft zum Fenster hinaus und machen uns grenzenlos lächerlich, denn Ottchen kann heute abend schon tot sein. Er kann Handwerker werden, Zirkusreiter, Polarforscher, Buchhalter, Regierungsrat. Sogar Sträfling im Zuchthaus kann er werden, oder Insasse der Irrenanstalt, doch dies alles weiß man nicht, man kann es nicht ergrübeln, man kann überhaupt nichts tun außer dem einen: Ottchen heranwachsen lassen und ihm jeden Tag das geben, was der Tag erfordert. Und damit Schluß! Und wenn dennoch das Grübeln sich bei uns einnisten will, oben im Bewußtseinsfeld, dann werfen wir diese Bilder hinaus und ersetzen sie durch bessere.

Wie man das macht? — Darauf kommen wir noch zu sprechen.

Was man alles fürchten kann? Oh, vieles, alles. Man kann erkranken, verunglücken, durch Verleumdung aufs schwerste geschädigt werden, Geld und Amt verlieren, in Prozesse verwickelt werden, in eine riesige Dummheit hineinschlittern, ein Flugzeug kann mitten beim Kaffeetrinken in unser Zimmer rasen und explodieren ... (Es ist alles schon dagewesen!) Wir können ermordet werden oder einem Erpresser in die Hände fallen ... es ist alles schon dagewesen. Und so könnten wir uns endlos fürchten, denn alles Mögliche ist möglich und *kann* kommen, doch *ob* es kommt, wissen wir nicht und können es auch nicht ergrübeln. Sicher ist nur das eine: je mehr wir unser Bewußtsein mit solchen Vorstellungsbildern anfüllen, um so düsterer wird unser Leben, um so düsterer unser Gesicht, um so kraftloser unser Wesen. Zuletzt führt das beständige Denken an Unglück und Gefährdung zur Gesundheitsschädigung, *denn nach dem Bilde dessen, was wir oben denken, arbeiten unten in uns die Lebenskräfte.*

Positives Denken

Wenn wir Heilsames denken, sehr oft Heilsames denken und daran festhalten, freudig und schon vorher dafür Dank sagend, dann wirkt das gleiche Gesetz ebenfalls, doch diesmal im Guten. Heilsam ist alles, was im Geiste dienender Liebe liegt, alles Freundliche, Großmütige, Schöne und Gute, alles *Gebende,* denn damit erfüllen wir das Gebot: „Du sollst deinen Nächsten lieben!" Einem Menschen Böses wünschen, macht uns selbst böse. Der bloße Gedanke engt den Atem ein und verkrampft die Organe, doch wenn wir jedem Menschen herzlich gern *Gutes* wünschen, belebt sich alles in uns im Sinne der Gesundheit. Vergib deinen Widersachern, dann kann dich der Gedanke an sie nicht erregen und folglich nicht schädigen. Ausdrücklich empfahl Christus, daß wir unsere Feinde wohlbewußt *segnen* sollten. Von da an schlafen wir besser. Halte aber recht fest am Groll, an Rachewünschen, dann schläfst du schlecht, verdaust schlecht und bekommst von der Natur die Quittung für dein Denken. Wenn also Gott dir nichts bedeutet und seine Gebote für dich nicht maßgebend sind, besteht immer noch Anlaß genug, deinen Nächsten zu lieben, denn diese Haltung *bekommt* dir besser, sie ist gesünder.

Freude, Heiterkeit, Gelassenheit, gern gewährte Verzeihung, recht baldiges Vergessen des Unguten, gern gewährte Hilfe, sauber geleistete Arbeit, Abkehr von Neid, Kritik, bitterem Vergleichen usw. sind enorme Heilkräfte, die wir erzeugen, sobald wir in diesem Sinne recht oft *denken.* Die Wirkung äußert sich durch guten Schlaf, gute Verdauung, ruhige gesunde Organarbeit, gute Nerven.

Töricht ist, wer sich mit großem Aufwand an Geschrei, Zank, Streit und Kraft nach vorn drängt, den Vorderplatz tatsächlich bekommt, ihn aber viel zu teuer hat bezahlen müssen durch Aufregung, Herzgalopp und Verkrampfung. Töricht ist derjenige, der es fertigbringt, in der Firma der Erste zu sein, doch ein Familienleben hat er nicht mehr, wohl aber hat er Angina pectoris. Da wäre es besser, er lebte als kleiner Angestellter friedlich in seinem Kreise.

Wer dauernd der Erste, Schönste, Klügste, Stärkste, Witzigste sein will, wird dauernd in Verkrampfung leben, denn immer wird ihn jemand zu überflügeln suchen, und das kränkt ihn. (Kränken heißt krank machen.) Doch wer es fertigbringt, Ichsucht, Eitelkeit und Ehrgeiz zurückzustellen und nur das zu nehmen, was zu haben ist, (ohne Neid auf andere), der lebt gesünder, besser und reicher.

Diese Gedanken sind nicht frommes Gerede, sondern entsprechen der Grundwahrheit des Lebens. *Alles Unglück entsteht allein aus dem Ichstreben, das auf andere nicht Rücksicht nimmt.* Rassenwahn, Nationalstolz, sozialer Dünkel, Herrschsucht, Besitzgier, Arbeitswut, Ehrgeiz, Eifersucht, Genußwünsche aller Art — es sind Konfliktsstoffe, aus denen nie etwas anderes als Streit und Leid hervorgehen kann, Kampf und Krampf und Zerstörung. Jede Spekulation auf Herrschaft scheitert naturgesetzlich, denn wir alle sind Kinder des gleichen Vaters und haben das gleiche Recht. Die besonders begabten Kinder sollen ihren Brüdern besonders gut dienen, nicht aber sie beherrschen.

Die Pläne der Eltern scheitern gewöhnlich am Andersdenken der Kinder, die Pläne der Staatsmänner scheitern am Auftreten gänzlich unvermuteter Situationen. Für Völker wie für einzelne gilt der Satz „erstens kommt es anders, zweitens als man denkt" —

„Der Mensch denkt, der Kutscher lenkt". Wer dies immer noch nicht begriffen hat und Pläne auf zu weite Sicht baut, irrt jedesmal. Völlig töricht ist, wer sich über das Anderssein der Wirklichkeit gegenüber seinem Plan, seinem Projekt, seinem Traum — wundert! Der Weise ist in erster Linie gelassen. Er weiß schon, daß es meist anders kommt, als man gedacht hatte. Indem er dies weiß, erregt er sich nicht und lebt besser.

Täuschend sind die sogenannten „Siege". Es mag anfangs und sogar sehr oft Siege geben, doch der Umschwung liegt bereits auf der Lauer. Dauernden Bestand hat nichts. Das Ende aller ichsüchtigen Bestrebungen ist Trümmerhaufen. Der Befehl „du sollst" endet nie gut, auch der Wunsch „o, möge es doch so kommen" endet nicht gut. — Lasse deine Kinder werden, was sie wollen! Lasse deinen Ehekameraden sein, wie er ist! Nimm das, was du hast, pflege es gut, freue dich daran, doch gib es endlich auf, die Welt und die Menschen so formen zu wollen, wie es *dir* paßt. Im Kirchenlied heißt es: „Bist du doch nicht Regente, der alles führen soll; *Gott* sitzt im Regimente und führt alles wohl." Indem wir uns dieser Einsicht fügen, ersparen wir uns eine Unmenge Erregung. Deine Aufgabe auf Erden ist lediglich die, durch Liebe zu dienen. Sobald du Dank erwartest und bei Undank zu grollen anhebst, *grollst* du, doch Groll ist negativ, und alles Negative wirkt schädigend zurück auf den, der es in sich hegt. — Wenn du klüger sein willst oder es durchaus anders haben willst — bitte, versuche es (die Welt versucht es seit je), doch es gelingt nicht und *kann* nicht gelingen, weil es dem Plan Gottes zuwiderläuft.

Wer hat dich denn geheißen, das Unrecht zu hassen und zu verfolgen? Woher weißt du, was Unrecht ist? Richte nicht, auf daß du nicht selbst gerichtet werdest. Und du *wirst* gerichtet, denn indem du ohne Liebe denkst, strafst du dich schon im gleichen Augenblick durch Verkrampfung. Es ist wie mit der Mausefalle; sie schnappt ein, sobald ein Druck auf die Feder geschieht.

Eben darin besteht ja die große *Liebe* Gottes, daß er uns schon bei den geringsten Abweichungen von seinen Geboten Unpäßlichkeit oder innere Unruhe sendet, um damit zu mahnen: nicht so, sondern anders! Durch Leiden sollen wir nicht gestraft, sondern gemahnt werden. Überhaupt sollten wir uns daran gewöhnen, Gott als den liebenden Vater aller seiner Kinder anzusehen. Der liebende Vater führt das Kind dem rechten Ziel entgegen. Will das Kind nicht folgen, so muß gerade aus der Liebe die Mahnung erfolgen, um das Kind von dem gar zu gefährlichen Irrweg abzuhalten. Ermahnung in Güte wird nicht beachtet? Dann freilich muß die Rute her. Die Rute kommt wieder weg, sobald das Kind den richtigen Weg geht.

(Dies alles ist, wohlgemerkt, beileibe nicht Religion, es ist reine Naturwissenschaft. Der Lehrsatz lautet: sei ohne Liebe, so schädigst du das Leben in dir und machst dich krank! Mißachte auch die sonstigen Naturgesetze, etwa das der Diät, so machst du dich ebenfalls krank. Die Gebote Gottes stehen nämlich *über* deinen Gelüsten. Kein Vater schlägt sein Kind völlig grundlos.)

Wenn du meinst, du hättest guten Grund zum Haß, so achtet die Natur nicht auf deinen guten Grund, sondern richtet sich allein nach dem Hassen, und auf Haß reagiert sie mit Verkrampfung, mit Ausschüttung von Hormonen, Kreislaufstörung, Verdauungsstörung, sogar mit Arthritis, Krebs und Ausschlag.

Die Lehre lautet: bist du im *Geiste* nicht heil, so kannst du auch körperlich nicht heil sein.

Lasse um himmelswillen deine törichten Einwendungen gegen diese Wahrheiten weg! Alles, was du dagegen vorbringen möchtest, ist aufgelegter Unsinn. Die Natur (und das ist Gott) geht daran glatt vorüber.

Es geht dich (um es vollendet deutlich zu sagen für jene, die immerzu diskutieren und fragen und rechten wollen) — es geht dich einen Dreck an, wie andere Menschen sind. Dich geht nur an, wie du selbst bist. An *dich* richtet sich das Gebot, und es lautet: *lieben* sollst du deinen Nächsten! Sobald du es anders halten willst, zwackt dich der Teufel. Man kann es nicht deutlich genug, nicht grob und entschieden genug sagen, wenn man helfen will, denn immerzu berufen sich die Leute auf das, was andere tun oder wie andere sind, um daraus Entschuldigung für ihr Verweigern und Versagen zu entnehmen. Diesen Fluchtweg muß man ihnen verbauen. Umkehren müssen sie. Wenn jemand übel an mir handelt, verurteile ich ihn nicht, ich sehe mich nur vor, entziehe mich ihm, schütze mich, doch ich hasse und verurteile ihn nicht, und das ist das Entscheidende, denn damit entgehe ich der Gefahr, mich durch Haß selbst zu vergiften. Ich sage mir „er ist, wie er ist; Gott hat ihn so geschaffen", doch ich klage ihn nicht an. Ich bin einem Raubtier begegnet, doch daß ein Raubtier grausam und schlimm ist, liegt in seiner Natur, es ist nicht seine Schuld. Möge es ihm gut ergehen; möge der Schlimme eines Tages zur Einsicht gelangen; möge auch ihm eines Tages der Friede beschieden sein. Gott segne ihn!

Indem ich so denke, heile ich mich. Verweile ich aber im immer näheren Beschreiben seiner Schuld, seiner Gemeinheit, seiner Verworfenheit, vertiefe ich mich in die Ausmalung meines Schmerzes, meiner Unschuld, meines Schadens, dann wate ich knietief im Negativen umher und ernte den unumgänglichen Lohn der Verirrung. (Es würde mich freuen, wenn dieser Hinweis von den Seelenärzten recht oft beachtet würde.)

Wie kann man das Übel abstellen?

Da alles Unglück nur aus dem Ich kommt, das stets nur haben und haben will, groß werden, ohne Rücksicht voranleuchten, herrschen, so gilt es, dieses gefährliche Ich weitgehend kleinzuschrauben. Es muß, grob gesprochen, das Maul halten lernen.

Wo sitzt denn das ewig schreiende Ich? Es sitzt oben im Bewußtseinsfeld. Dort sieht es dauernd sich und die Umstände, sich und die Gefahren, sich und die Feinde, sich und die Wünsche. Setze nun etwas anderes als immer nur dieses Ich ins Bewußtseinsfeld, dann ist es weg und schreit nicht mehr. Jetzt endlich kann Friede einziehen. Du mußt dir nur einmal für allemal klargemacht haben, daß dort, wo das Ich regiert, nie Friede sein kann. Ängste und Nöte schließen den Frieden aus, nagende Wünsche, zehrende Sorge ebenfalls. Das Ich aber *kann* gar nichts anderes denken als dies: „Ich möchte haben; ich möchte festhalten; ich will genießen, ich will nicht leiden! Mögen alle umkommen, wenn nur *ich* davonkomme!"

Dieses Denken kennt keinen Frieden. Dieses Denken muß aus reiner Angst beständig nach Sicherung suchen, zehnfacher Sicherung, und solange dies nicht erreicht ist — es *kann* nicht erreicht werden — solange lebt die Angst, und wo Angst ist, kann kein Frieden sein. Friede kann auch dort nicht sein, wo wir sehnsüchtig wünschen: „Ach, hätte ich doch dies; ach, hätte ich jenes! Ach, könnte ich ewig jung und schön sein, ewig stark und rüstig, ewig am Leben sein! Nie krank werden, nie alt und schwach, nie überflügelt und weggedrängt!"

Lauter unmögliche Dinge und damit lauter Friedlosigkeit, und das heißt Zermürbung.

Dieses Ich muß stillgelegt werden. Sogleich tritt Ruhe ein. Das Unheilsame entschwindet, das Bewußtsein ist vom Ich befreit.

Sobald dieses Ich mit seinem Geschrei aufhört, tritt Stille ein, und in der Stille vernehmen wir endlich, was von Gott her immer schon zu uns gesprochen wurde. Vorher konnten wir nichts vernehmen, unsere eigene Stimme war zu laut, doch jetzt in der Stille vernehmen wir, was uns gesagt wird, und zwar von draußen her, von Gott her, einer Stelle, die mehr weiß als unser armer kleiner Verstand. Von dorther kommen die Eingebungen, die Erleuchtungen, die Ideen. Sie können aber nur herein, wenn wir die Tür aufgemacht haben.

Wie stellen wir nun diese Stille, diese Leere in uns her, diese Fähigkeit, endlich einmal nach dem ewigen Ichgeschrei nun *Gott* zu vernehmen?

Zwischenkapitel: Wieso Gott?

Das, was wir mit dem Verstand erdenken, ist Selbstgedachtes. Je nach der Reichweite unseres Verstandes können wir sehr viel oder sehr wenig denken. Je nach der Beschaffenheit unseres Verstandes können wir deutlich oder herzlich unscharf denken. Wenn wir einen Schnupfen haben, arbeitet der Verstand nur mit halber Kraft und gibt verdrießliche Urteile ab. Stürmen gar Leidenschaften auf uns ein, so benimmt sich der Verstand wie ein Irrsinniger, der seinen Wärter anfällt. Der Verstand versteht nur soviel, wie er auf Grund bisheriger Erfahrungen verstehen kann. Hätten wir andere Erfahrungen gemacht oder ein paar mehr, so würde unser Urteil anders ausfallen. Jeder urteilt so, wie er es versteht. Vieles mißverstehen wir gründlich, weil vor unserem Urteil zunächst einmal das Vorurteil steht, das jedes Urteil verbiegt, verfälscht, vergiftet.

Nun aber gibt es etwas, was wir nicht durch eigene Arbeit hervorbringen können, sondern dieses Etwas fällt von draußen her in uns ein. Das Wort Einfall besagt, daß etwas von oben her, von außer uns, in uns einfällt. Noch besser ist das Wort „Eingebung", denn es bedeutet einen Geber, eine Gabe und den Hergang des Eingebens.

Von dorther kommt uns das Beste, nämlich unsere Ideen, Eingebungen, die rettenden Lösungen. Niemand kann sagen „jetzt werde ich mir einmal eine Idee machen", sondern wir müssen warten, ob sie uns zuteil wird, als Gabe, als Geschenk. Und wohin gelangt die Gabe? Sie fällt in unser Bewußtsein. Sie kann aber nicht einfallen, wenn die Tür zu ist, oder wenn das Bewußtsein bereits voll besetzt ist mit unserem Eigendenken und mit allerlei Gelump und Gerümpel, besonders mit Angst oder Begier oder sonstiger Verkrampfung. Daher müssen wir das Ichdenken stillegen, wegschaffen, Platz machen. Nur ein *leerer* Raum kann gefüllt werden.

Wir merken uns daher folgendes: erst wenn wir aufhören, aus eigener Kraft zu denken, erst dann kann von draußen her ein Gedanke in uns einfallen. Wir sagen in solchem Fall „das hat ihm ein guter Engel eingegeben", denn wir selbst (aus eigener Kraft) haben es bestimmt nicht gemacht. Eine höhere Macht gibt sich kund, „Gott" spricht zu uns, und da wir jetzt endlich still sind, haben wir seine Stimme vernehmen können. Vorher war es nicht möglich.

Gott will dauernd zu uns herein, doch wir achten nicht auf ihn, räumen ihm keinen Platz im Bewußtseinsfeld ein, und dann freilich ist Gottes Stimme wie die Stimme des Lehrers, der dem kleinen Fritzchen das Einmaleins beizubringen suchte, während Fritzchen an nichts als an seine Träumereien dachte.

Wie stellen wir die Stille und Leere in uns her?

Gänzlich leer kann unser Bewußtsein nie sein, doch wir können dafür sorgen, daß von unserem Ichdenken so gut wie nichts mehr darin umgeht, also kein Denken, das sich mit dem Ich und seinen Wünschen und Nöten befaßt.

Wie machen wir das? — Wir geben uns mit dem Ichdenken einfach nicht ab, sondern lauschen statt dessen nach innen hinein, um zu erfahren, was sich dort *innen* begibt. Dort nämlich begibt sich zu jeder Zeit etwas, das nicht von uns, sondern von Gott gemacht wird, und das ist der *Atem!* Auf *ihn* lauschen wir hin, nicht auf unsere Nöte und Wünsche. Indem wir uns mit dem *Atem* beschäftigen, unser Interesse allein *ihm* zuwenden, können wir uns nicht mit dem Ich beschäftigen, denn niemand kann zur gleichen Zeit zweierlei tun. Entweder wir wenden uns der Welt zu, dem Ich, dem Denken an uns und an Sachen, Umständen usw., oder wir wenden uns dem Atem zu, und dann verlieren wir uns selbst aus den Augen, uns, und damit alles, was mit uns zusammenhängt.

Vom Ich habe ich nie Frieden zu erhoffen, das Ich weiß immer nur Unruhe, Pein und Bedrängnis zu melden, Wünsche über Wünsche, Befürchtungen über Befürchtungen, der Atem aber ist ichlos, er ist *Er, Es,* und nur hierauf lausche ich jetzt hin.

Ich lausche so lange auf den Atem hin, bis in meinem Bewußtsein nur noch die eine Wahrnehmung vorhanden ist: „*Ein* geht der Atem, *aus* geht der Atem!"

Jetzt eben kommt er (ganz von selbst), hebt mich, dehnt und erweitert mich; jetzt ist er in seiner ganzen Pracht und Macht und Fülle da, und jetzt geht er wieder hin-

aus, immer noch weiter hinaus, bis er *ganz* hinaus ist...
Pause! Und jetzt kommt er in neuer Woge wieder zurück, hebt, dehnt und erweitert mich, erfüllt mich, geht wieder...
Diese Wahrnehmung kann mir nicht wehtun, sie kann den Frieden nicht stören, sie hat nichts mit meinen Sorgen, Nöten und Wünschen zu tun, es ist einfach Gottes Wirken in mir, dem ich jetzt zuschaue.

Indem ich dies tue, bin ich vom Ichdenken frei.

Und ich weiß dabei: den Atem kann ich nicht kaufen, von irgendwo herholen oder selbst herstellen, ich kann ihn nur von jenseits her empfangen. Er kommt von jenseits her und bringt mir das Leben, also sage ich Dank dafür und fühle mich durch den Atem mit Gott verbunden. Nie kann ich gänzlich verlassen und verloren sein, sondern — solange ich lebe — werde ich von jenseits her behütet und betreut durch den Atem, der mir das Leben bringt und damit die wunderbaren Eigenschaften des Lebens: denken können, empfinden können, mich regen und bewegen können! Und das bedeutet: lieben können, Gottes Werk ausführen können! Nur zu diesem Zweck wird mir das Leben gegeben.

Denn wir empfangen durch den Atem mehr als nur Sauerstoff, wir empfangen insbesondere Geist und Leben. Der Mensch ist keine Luftpumpe, die Sauerstoff einzieht und Kohlensäure abgibt, sondern Geistwesen, das geistige Kraft einatmet, um denken und entsprechend handeln zu können. Das muß man wissen. Den Atem als bloße Lungentätigkeit aufzufassen, ist unzulänglich. Die rechte Wirkung des Atems empfangen wir nur, wenn wir im Atem das Göttliche erkennen.

Die Praxis

Mit allem vorigen haben wir die Elemente beisammen, die einzelnen Bausteine, und können jetzt mit dem Bau anfangen.

Totenlage

Man lege eine Wolldecke in der Längsrichtung zusammengefaltet auf den Teppich und lege sich mit dem Rücken darauf. Nur wenn man einen sehr runden Rücken hat, so daß der Kopf unangenehm nach hinten zurückgebogen liegen würde, darf man den Nacken oder den Hinterkopf durch ein flaches Kissen stützen. Es soll verhütet werden, daß die Kehle zu arg vorgedrängt wird und die Schilddrüse zu sehr hervortritt. Auf alle Fälle muß der Hinterkopf tiefer liegen als das Herz.

Die Arme liegen bequem angewinkelt neben dem Körper, ohne Zwang. Die Hände sind leicht gekrümmt mit den Handflächen nach unten. Schultern schön locker lassen, unverkrampft, ganz lose, sozusagen wohlig locker.

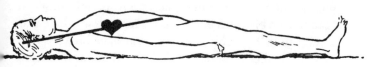

In dieser Lage schieben wir die Beine von den Hüften aus ganz lang von uns weg, wir spannen also die Waden, schieben die Fersen von uns weg und ziehen die Fußspitzen an. (Nur ganz kurz, zwei Sekunden genügen.) Dann Füße locker lassen. Damit haben wir uns um einen bis zwei Zentimeter länger gemacht. Man kann es deutlich fühlen.

Und nun stellen wir alles ab, was irgendwie Muskelarbeit erfordert. Wir schließen die Augen zu, damit sie uns nicht erzählen können, sie hätten dies und das gesehen, was wir nun zu bedenken hätten . . . Davon wollen wir gar nichts wissen. Daher: Augen zu! Zweitens entspannen wir den Mund, indem wir uns im Geiste vorstellen, alles sei *„schöööööön"*.

Über das viele Schöne *freuen* wir uns, und indem wir uns freuen, *lächeln* wir, und dieses selige Lächeln behalten wir *bei!*

Indem wir den Mund entspannen, befreien wir uns von jeder Verkrampfung körperlich wie seelisch, wir stellen die gänzlich unnütze Arbeit der Muskeln ab, die, sobald wir nicht lächeln, den Mund verschließen. Die Toten lächeln auf diese Weise, sie sind entspannt, entrückt, in den Frieden eingegangen, sie ziehen nicht mehr den Unterkiefer nach oben. Daher der Ausdruck „Totenlage".

Nun aber trennt uns vom seligen Frieden der Toten noch das Haupthindernis, und das ist die Arbeit der Denkmühle hinter der Stirn, das Ameisenheer der Gedanken, die dauernd kommen und gehen und alle um unser Ich kreisen, um unser Wohlergehen, unsere Pläne unsere Befürchtungen. Hier haben wir es mit unserem Hauptfeind Nummer eins zu tun. „Was soll werden? Was soll ich tun? Was fehlt mir noch? Was habe ich alles vor? Werde ich alles rechtzeitig erledigen können? Wie nun, wenn nun . . .? Und wie, wenn *doch* etwas passiert? Und dies . . . und das . . ." Und tausend solcher Gedanken, jäh hin- und herspringend, oft ohne den mindesten Zusammenhang, stets aber den Frieden raubend, immer zwischen dem Ich und der Welt Beziehung schaffend, nie Ruhe erlaubend, nur zehrend.

Und nun geben wir uns einfach nicht mehr damit ab, geben uns einfach damit nicht mehr ab, sondern richten alle Aufmerksamkeit allein auf die Frage: „Was macht jetzt der Atem?" Und dann nehmen wir wahr, wie er kommt und geht, in uns. Wie er langsam heraufsteigt, uns hebt, dehnt und erweitert, uns erfüllt hat, und wie er nun langsam wieder von uns weicht, hinausgeht, weggeht, ganz weit weg, bis er entschwunden *bleibt,* worauf er dann — ganz von selbst — wiederzukehren wünscht und tatsächlich wieder in uns einzieht! Usw., usw.

Wir veranstalten dabei aber keine Atemübungen, wir unterlassen jegliches Tun und Machen aus dem eigenen Willen, wir schauen nur zu, wie er, der Atem, ganz nach *seinem* Belieben und *seinen* Notwendigkeiten kommt wie auch geht, das eine Mal in uns anschwellend, uns hebend, dehnend, erweiternd, und wie er dann wieder hinausgeht und uns zusammensinken läßt, leer und flach.

Anmerkung: wir enthalten uns jeder Einmischung. Der Atem kommt so langsam, sanft und gewaltig, wie *er* es will, verweilt solange, wie *er* es will, geht hinaus, wie *er* es will und bleibt solange weg, wie *er* es will. Nur ein ganz klein wenig dürfen wir mogeln, indem wir ihm, dem Atem, zureden: „Nur immer ruhig, es jagt dich ja niemand! Nimm dir alle Zeit, die du haben willst!" Diese kleine Mogelei hat ihre Rechtfertigung in unserer eingefleischten Nervosität, die das Warten in Ruhe verlernt hat und immer die Finger dabei haben möchte.

Indem wir in dieser Weise nur auf den Atem hinlauschen und alles andere unbeachtet lassen, konzentrieren wir uns auf den Atem, sehen jetzt also — um im Gleichnis zu bleiben — nur dieses *eine* Bild an und gehen nicht weiter. Jetzt endlich erfassen wir das Bild *richtig*, und dann freilich wird es in uns deutlich und kann in uns einsinken.

Im Untergrund wissen wir dabei, was Atem bedeutet. Atem ist nicht nur Luft, sondern bedeutet Leben und Geist, von jenseits in uns einströmend, von „Gott" kommend, das Leben in uns hineintragend.

Wir empfinden mithin bei der Wahrnehmung des Atems in uns folgendes: „So also ist das! So also wirkt eine höhere Macht in mir, und zwar eben jetzt, eben in diesem Augenblick. So also durchdringt mich Gott, so werde ich gelebt, geführt, begabt und erhalten. *Danke!*"

Das Empfinden „danke" ist entscheidend wichtig.

So oft nun während des Hinlauschens auf den Atem andere Gedanken kommen wollen, ganz gleich, welche, lassen wir sie in uns nicht eindringen, nicht groß werden, nicht Wurzel schlagen, wir beachten sie nicht, sondern wenden uns nur dem *einen* zu, dem Atem!

Gegrübelt und gedacht, gesorgt und gefürchtet, spekuliert und geplant hatten wir bisher schon genug, das ganze Leben lang. Es braucht uns daher nichts auszumachen, wenn wir jetzt einmal davon ablassen und nur noch die Wahrnehmung des Atems in unserem Bewußtsein vorhanden sein lassen.

Es ist eine schwere, harte Arbeit, denn immerzu will das Ich wieder aufstehen, um zu denken, denken, denken und den Gedankenbildern nachzujagen, von der einen Sorge zur anderen, von der einen Befürchtung zur anderen, wie ein Kind, das sich durch jedes Spielzeug ablenken läßt, von jedem Hund erschrecken läßt, jeder Anregung folgt und nicht auf eigenem Wege verbleiben kann.

Das also tun wir eben *nicht*, sondern verbleiben bei der Wahrnehmung des *Atems*.

Der Atem ist sehr leicht wahrzunehmen, er ist ja so deutlich, man braucht nur hinzulauschen, so nimmt man ihn wahr.

Sobald wir nun fühlen, daß wir jetzt ruhig sind, nicht mehr dies und das bedenkend, so lassen wir den Atem jetzt außer acht und stellen uns eine andere Frage: Und die *Hände?*" Wir stellen uns dabei die Hände vor, wie sie neben uns liegen und stellen uns vor, wie sie immer wärmer werden, immer schwerer. Sie bekommen Besuch von innen her, ein hauchfeines Rieseln des Blutes in den Fingerspitzen, ein ganz ferner, feiner elektrischer Schwachstrom, nur bemerkbar durch unser erwartungsvolles Hinlauschen dorthin.

Es ist der Kreislauf, der sich bemerkbar macht. Wer aber sorgt für den Kreislauf, wer oder was bewirkt ihn? Und wieder kommen wir auf die Antwort „Gott". Eine höhere Macht über uns, die *in* uns wirkt.

Wie nun der Atem die deutlichste, am leichtesten erkennbare Offenbarung Gottes im Menschen ist (sobald man darauf hinlauscht), so ist der Kreislauf die zweite, viel feinere Offenbarung jener Macht, die das Leben sendet, steuert und verwaltet (ohne daß wir etwas dabei zu tun haben). Nur muß man auf die zweite Offenbarungsform, den Kreislauf, schon viel feiner hinlauschen, um sie wahrzunehmen.

Es offenbart sich hier also der *Herr*, der Geber des Lebens, der unbedingte Herr, denn ohne den Atem und ohne den Herzschlag bestünden wir nicht, auch alle unsere sogenannten Probleme bestünden nicht.

Wir lauschen mithin nicht dem „Kreislauf" nach, sondern dem Wirken der Allmacht in uns, kundgegeben durch ein zunächst hauchfeines Rieseln und Strömen in den Händen, das immer stärker wird, je länger wir uns dem Hinlauschen ergeben. (Uns darauf „konzentrieren!") Und nun sagen wir uns: „So also durchströmt mich die heilende, lebenschaffende, schicksallenkende Macht Gottes, und zwar eben jetzt, nicht als theologische Behauptung, sondern als körperliches Erlebnis. *Danke!*"

Indem wir hierauf hinlauschen, nach *innen* hinein, können wir nicht nach außen blicken, auf das Ich und die Welt, die Gegenstände, Sachen, Umstände, Ängste, Nöte und Gefahren. Das Ich ist stillgelegt, und das war der Zweck der Übung. So oft andere Gedanken kommen wollen, beachten wir sie nicht, sondern bestätigen nur unsere unzweifelhafte Wahrnehmung, und die lautet: „Und das strömt und strömt! Danke!"

Je länger wir so verbleiben, um so deutlicher nehmen wir das Strömen und Wirken in uns wahr, die immer stärker zunehmende Schwere und Wärme zuerst in den Händen und Armen, dann in den Beinen, zuletzt im ganzen Körper, nur der Kopf bleibt kühl und klar.

Weisung: wir verstärken die Deutlichkeit unseres Empfindens für das Strömen und Fließen Gottes in uns, indem wir besonders beim *ausatmen* empfinden „und das strömt und strömt", und weiter, indem wir nach dem Ausatmen recht lange in der *Leerpause* verweilen. Man kann es sich wie folgt klarmachen: immer beim Ausatmen geht ein Empfinden von Schwere, Wärme und drängender Fülle durch den Körper; in der auf das Ausatmen folgenden Leerpause verstärkt sich die Empfindung, und immer beim Einatmen zieht ein Empfinden von Kühle nach *oben* hingehend durch den Körper. Ebbe und Flut. Das Ausatmen bringt die Erlösung, die Entlastung, Befreiung, Entspannung, den Frieden.

Die Erklärung hierfür lautet: indem wir einatmen, zieht das Leben in uns ein, die Tatkraft des Ich, der Wille, der Eigenwille, doch indem wir den Atem wegströmen lassen, geht der Eigenwille hinaus, die Kraft, das Selbsttunwollen, und in der völligen Atemleere haben wir die vollendete Ruhe, die Ergebung, den Verzicht auf alles Eigene, weil wir jetzt keine Kraft haben, etwas Eigenes zu tun. Wir sind mithin „leer" geworden, „still". In diesem Sinne sagt die Bibel: „Die Ersten werden die Letzten sein, doch die Letzten werden die Ersten sein." Das heißt je mehr wir willensmäßig aus eigener Kraft alles erreichen wollen, um so weiter rücken wir vom Frieden ab, doch je mehr wir auf jeden Willen verzichten, geben wir uns dem Willen Gottes hin, und in Gott wohnt die Allmacht, während unsere eigene Macht sehr eng begrenzt ist. Zuletzt gelangen wir zu der Empfindung: „Ich selbst kann dieses Problem nicht lösen, ich bin am Ende der Kraft und des Witzes, du aber, Herr, kannst alles, du bist Allmacht und Allweisheit. In deine Hände lege ich alles. Führe mich, wohin du willst. Für mich selbst begehre ich nichts mehr, fürchte mich auch vor nichts, sondern du, Herr, wirst mich führen und leiten, wie es für mich am besten ist. Danke!"

Das Gleichnis von der Teekanne

Eine Kanne voll Tee soll entleert werden. Kann das jemals möglich sein? Nie, denn indem Tee ausfließt, strömt ja Luft ein. Wenn aller Tee hinaus ist, ist die Kanne voll von Luft. Der „Tee", das ist unser Ichdenken, unser Wohlfahrtsdenken, unsere Angst um den Bestand, die vollendete Friedlosigkeit. Indem dies alles hinausgetan wird, weggegeben, im Bewußtsein nicht angenommen, so füllt sich das Bewußtsein nun mit Frieden, Ruhe, Stille, Tiefe. Der Lärm wird geringer, daher nimmt die Stille zu. Ist *jeglicher* Lärm verklungen, so waltet *nur* noch die Stille. Und nun, in der Stille, wird das hauchleise Stimmchen vernehmbar, das uns, von jenseits her, dauernd zuspricht, und zwar: „Liebe deinen Nächsten, raufe dich nicht ums Geld, lasse die Eitelkeit fahren, fürchte dich nie und nie, denn Gott, der liebende Vater, wacht über alle seine Kinder und gibt ihnen, sobald sie sich ihm zuwenden, seinen Frieden."

Diese Stimme können wir allerdings nur in der Stille vernehmen.

In dieser Stille besetzen wir nun das Bewußtsein mit der einzigen Wahrnehmung: „So also strömt und strömt in mir Gottes lebendige Heilkraft, seine ganze Liebe, seine Weisheit und Allmacht und regelt alles für mich so, wie es zum Besten dient. Danke!"

Indem wir bei dieser Vorstellung verweilen, nichts anderes als *sie* in uns wahrnehmen, durchdringt sie uns, besetzt uns und fängt an, dem Leitbild entsprechend zu *wirken*. Wir fühlen uns körperlich wie auch seelisch entspannt und enthoben. Wir *denken* Frieden, stellen uns Frieden vor, baden in dieser Vorstellung, haben für nichts anderes Beachtung übrig, und dann *erfüllt* uns Friede, die Welt ist „weg" und mit ihr alle Ängste und Nöte.

Sobald wir in diesem Empfinden daliegen, selig, losgelöst, enthoben, die Wärme und Schwere im Körper deutlich spürend, gehen wir über zur Bewußtseinslenkung, das heißt wir geben dem Strömen und Wirken der göttlichen Kräfte in uns ein Ziel.

Nehmen wir als Beispiel: Asthma! Asthma äußert sich als Verkrampfung der Bronchien und daher als Luftmangel, Erstickungsangst, Lebensangst. Davon wollen wir nichts wissen, denn das ist nichts Schönes. Vor allem wollen wir das Asthma nicht durch die beständige Vorstellung „ich habe Asthma" gar noch stärken, sondern das, was wir benötigen und haben wollen ist: eine klare, freie, wunderschöne Lunge, herrlich freie Luftwege! *Das* stellen wir uns vor, *dorthin* wollen wir. Gesundheit wollen wir haben, nicht Krankheit.
Sobald sich der Leitgedanke „Gesundheit" oben im Bewußtsein eingenistet hat, lange genug und deutlich genug, senkt sich die Vorstellung „Gesundheit" automatisch ins Unbewußte, und hier wird sie ausgeführt.

Gleichnis: Oben im Bewußtsein steht der Kapitän. Nach seinen Anordnungen richtet sich die Fahrt des Schiffes. Nun aber mag er noch soviel befehlen, so ändert das Befehlen allein noch nichts am Laufe des Schiffes. Der Kapitän sendet aber seinen Befehl nicht in die leere Luft, sondern nach unten in den Maschinenraum, und dort wird der Befehl entgegengenommen und ausgeführt. Der Befehl kann aber nur ausgeführt werden, wenn er klar und deutlich ankommt. Der Maschinist unten verwaltet lediglich die Antriebskraft des Schiffes. Er läßt die Maschinen ruhen, solange er keinen Fahrbefehl hat, doch sobald er hört „alle Kraft vorwärts" oder „halbe Kraft" oder „alle Kraft rückwärts", dann weiß er, was er zu tun hat und schaltet an seinen Hebeln, bis das Befohlene ausgeführt ist.

Wir empfinden oben im Bewußtsein „Schreck", und schon saust der Befehl „Schreck" nach unten in den Maschinenraum. Der Maschinist schaltet, und wir zukken zusammen, das Herz setzt aus, der Atem setzt aus, die Hände verkrampfen sich, die Haut wird blaß, der Mund verzerrt sich, die Drüsen halten an, usw. usw. Kurzum: der Befehl „Schreck" ist ausgeführt.

Bei der Vorstellung im Bewußtsein „Freude", wird unten im Maschinenraum auf „Freude" geschaltet. Wir lächeln, das Gesicht entspannt sich, die Hände entspannen sich, das Auge strahlt, wir fühlen uns gelöst, befreit, das Herz geht kräftiger und freier, die Verdauung arbeitet besser ...

Sorge und gräme dich recht oft, grüble düster in die Zukunft hinein, fürchte dich, so sinken bei genügender Deutlichkeit oder Häufigkeit diese Vorstellungen hinunter in den Maschinenraum und beeinflussen dort die Fahrt des Schiffes. Es gibt Drosselung, Lahmlegung bis in die letzte Körperzelle hinein.

Fasse Mut, oben im Bewußtsein, so spannt sich im ganzen Körper die Leistungskraft, wir leben auf, die Brust hebt sich, der Atem kommt voll und reich, die Gesundheit kräftigt sich.

Ein Blick in den Maschinenraum

Wenn oben im Bewußtsein gar nichts ist, weil wir schlafen, vom Ich aus keine Aufträge an die Heinzelmännchen erteilen, dann arbeiten sie endlich nach *ihrem* Plan, und der lautet stets: aufräumen, ausbessern, heilen, herrichten!

Im Tiefschlaf, wenn wir bestimmt nicht denken, unser selbst gar nicht bewußt sind, werden wir am schönsten gesund gemacht, weil wir uns jetzt in den Aufbau nicht einmischen. Das heißt, *Gott* waltet, und er waltet jetzt ungestört vom Ich. Darin liegt das ganze Geheimnis.

Wer aber beaufsichtigt das Millionenheer der in uns arbeitenden Heinzelmännchen? Wer stellt ihnen die Aufgaben? Wer leitet sie an? Antwort: Gott! Zu deutsch: ich weiß es nicht, ich weiß nur, *daß* solche Arbeit in mir stattfindet, und daß sie nach *Plan* geschieht, zu meinem *Heil!*

Ich habe mich in den Finger geschnitten, das Blut fließt aus, ich müßte durch Verbluten sterben, doch da hat schon die göttliche Aufsicht eingegriffen und ruft Tausende von Heinzelmännchen herbei, und siehe, sie wissen genau, was sie zu tun haben. Sie stillen die Blutung und stellen das gesunde Gewebe der Haut wieder her. Sie wissen alles und können alles. Sie schaffen, bis die Gefahr abgewendet ist.

An diese Macht wenden wir uns nun, indem wir ihr vom Bewußtsein aus eine Anregung geben, einen Bauplan. Wir stellen uns vor, was werden soll, und dann geschieht es, ohne daß wir jemals werden wissen können, wieso, wodurch und warum. Es geschieht eben, fertig!

Setze dich in die Eisenbahn — sie fährt, ohne daß du zu wissen brauchst, wie sie das macht. Sie fährt eben, Schluß!

Hier muß man nun wissen, wie man es mit der Auftragserteilung macht. Man kann es falsch machen, man kann es richtig machen. Jeder Gedanke an Krankheit, Not, Gefahr und Unglück erzeugt die entsprechenden Wirkungen. Jeder positive, freudige, mutige Gedanke erzeugt ebenfalls entsprechende Wirkungen. Mit Recht untersagt der Arzt den Kranken, untereinander Gespräche über Krankheit zu führen. Sie stärken damit die Krankheit. Immerzu reden sie von den Anzeichen, den Symptomen, den Empfindungen, starren angstvoll auf das Blutbild, das Kardiogramm, den Befund, anstatt sich davon freizumachen und an das zu denken, was *werden* soll: Gesundheit! Aber da sitzen sie und starren wie verhext die Krankheit an, das Jetzige. „Ich habe Asthma! Ich habe Rheuma! Es wird immer schlimmer mit mir! Ich habe nie Glück! Ich kann nichts! Mir ist das nicht gegeben! Aus mir wird nichts! Die Sache gelingt ja *doch* nicht!"

Jedesmal, wenn wir so denken, setzen wir die Heinzelmännchen in uns auf das entsprechende Leitbild an. Jedesmal drosseln wir damit die Lebenskraft, den Unternehmungsgeist und nähren dafür das Bittere, das Mutlose. Wir meinen, wir müßten jedesmal an das denken, was sich uns aufdrängt, lassen uns also von Sinneswahrnehmungen und Gedankenbildern beherrschen, anstatt uns darüber zu erheben und das *Erwünschte* ins Bewußtsein zu setzen, das Helle, Schöne, Gesunde, das *kommen* soll.

Bei Asthma sind die Luftwege verengt. Wir nehmen nun eine Körperhaltung an, die dem Atem nicht den Zugangsweg versperrt, wir lernen ausatmen, und bei alledem stellen wir uns geistig eine Lunge vor, die schön weit ist, elastisch, wunderbar gesund und frei. An *diese* Lunge denken wir, wir malen sie uns geistig aus und *bestellen* sie sozusagen. Darauf lauschen die Heinzelmännchen auf, beraten miteinander und begreifen endlich, was von ihnen verlangt wird. Bisher hatten sie stets zumauern müssen, alles verengend, dem Angstbild folgend, doch jetzt hören sie damit auf, sie tragen die verengenden Steinchen wieder weg, werfen sie in den Müllhaufen zur demnächstigen Abholung und ziehen dafür die Wandungen der feinen Kanälchen in den Bronchien wie Gummi auseinander, so daß dies eine Lunge wird, die erstklassig ist. *Das* ist jetzt ihre Aufgabe. Frisch, Gesellen, seid zur Hand!

Sie sind geniale Chemiker und Physiker. Sie bekommen ein Stück Brot zur Bearbeitung und verwandeln es in Fleisch und Blut und Kraftstrom!

Bisher sind sie stets grob behindert worden. Durch unsinnige Ernährung, mangelnde Atemzufuhr, krumme Haltung, verquere Denkweise, törichte Nebenaufträge, arge Verstöße gegen die natürliche Lebensordnung, lauter Anweisungen eines ganz und gar unfähigen Architekten — so haben sie „Blödsinn" bauen müssen, doch was konnten sie anders tun? Sie *müssen* ja bauen, wie der Architekt es vorgeschrieben hat. Wenn er eine Zimmerhöhe von nur einem Meter auf den Plan gesetzt hat, so wundern sie sich zwar, mahnen durch dumpfes Grollen, doch regelrecht zu sagen haben sie nichts, also bauen sie halt, wie es im Plan steht. Gib ihnen einen vernünftigen Plan, dann bauen sie vernünftig.

Der schlechte Plan lautet: „O weh, o je! Alles geht schief! Ich bin so krank! Ich bin so unglücklich!" Oder jener verrückte Plan: „Ich lege alles falsch an, doch ausgehen soll es gut! Ich will stehlen, doch bestraft werden will ich nicht! Nehmen will ich allezeit, geben nie!" — Das *kann* nicht gut gehen.

Doch sie bauen es dir zurecht, du hast es ja gewollt. Was der Mensch säet, im Geiste, das wird er in der Wirklichkeit ernten.

Du willst deinen Nächsten nicht lieben? Ja, dann kannst du keinen freien, vollen Atem haben und folglich kein fröhliches Gemüt, kein gesundes, Herz, keine ruhige Verdauung, sondern erlebst eine Erregung nach der anderen, die dich alle schädigen. Das liefern dir die Heinzelmännchen, denn du hast sie ja dementsprechend beauftragt!

„Da hat mich einer gekränkt, das werde ich nie vergessen!" — Nie vergessen? Nun, dann kannst du dich eben nie entspannen, wirst dich immer verkrampfen müssen, denn Groll verkrampft unweigerlich. Du wirst ja sehen, was du davon hast!

Lasse den Groll fahren, vergiß die Kränkung, wende dich von der Mülltonne weg und einer positiven Beschäftigung zu, dann lebst du *auf!* Die Organe in dir, die Nerven, der Kreislauf, jede einzelne Zelle, alles nimmt teil am Aufleben.

Sei recht hart, sei unversöhnlich, mißtrauisch, kritisiere alles, verfolge dein Recht, setze deine Meinung durch, dann bist du nicht in der Liebe, und wenn du nicht in der Liebe bist, bist du halt in der Verkrampfung und bekommst es am Herzen, am Magen, in Leber, Galle und Nerven zu spüren, denn die Heinzelmännchen *richten* sich nach dem Plan, den du ihnen, vom Denken aus, zusendest.

Ändere dein Denken, dann ändern sie ihre Arbeit! Willst du das Sorgen und Grämen, Fürchten, Grübeln, Hassen, Neiden oder die große Leidenschaftlichkeit loswerden, dann lege dich hin, lausche dem *Atem* nach, und schon zieht Friede in dich ein.

Solange du freilich denkst, du *müßtest* dich den negativen Empfindungen hingeben, *müßtest* über Kränkungen nachsinnen, *müßtest* dich von den Umständen bestimmen lassen, dann machst du eben von der Erlösungsmöglichkeit keinen Gebrauch, und dann freilich kann sie dir so wenig helfen wie Medizin, die in den Ausguß geschüttet wird.

Ich erinnere mich an einen Mann, der das Lächeln ablehnte. Er war magenkrank, und ich hatte ihm gesagt: „Denken Sie nicht immerzu an die Krankheit, bekümmern Sie sich nicht um die Schmerzen; *lächeln* Sie!" Darauf hätte er mich am liebsten erschlagen. Seine Frau rief mir zornentbrannt zu: „Ja *merken* Sie denn nicht, daß er krank ist und leidet? Und da wollen Sie ihn verhöhnen und wollen verlangen, er solle zu alledem lächeln?"

Freilich, genau das. Ich selbst, wenn mir etwas schief geht, setze zunächst ein deutliches Lächeln auf und behalte es solange wie möglich bei, weil ich weiß: wenn ich mich dem Körperschmerz, der Enttäuschung, dem Leid, der Furcht hingebe, das Schwere recht eingehend ausmale, mich ihm überlasse, dann frißt mich das Negative auf und läßt alles noch viel schlimmer werden, stelle ich aber das Gesicht auf strahlendes Lächeln, dann greifen irgendwelche Instanzen der Natur hilfreich ein und machen alles leichter. Solange ich lächle, kann ich nicht leiden, mindestens nicht so sehr. An diesem Satz ist nicht zu rütteln.

Ich glaube, die meisten Menschen stammen aus Klagenfurt. In einem fort klagen und klagen sie, beklagen sich selbst, beklagen ihr Leid und nageln sich damit selber ans Kreuz. Statt zu lieben, zu verzeihen, zu vergessen, zu verstehen, zu lindern und zu helfen — nein, das wollen sie nicht! Viel lieber greifen sie in den Stacheldraht und sind auf die blutenden Hände noch stolz. Sie halten es mit dem Negativen; vom Positiven wollen sie nichts wissen. Sie verlangen, daß das Glück, das Angenehme und Schöne, zu ihnen kommen solle, anstatt ihm ihrerseits entgegenzugehen und durch ein glückliches Lächeln dem Glück die Tür aufzumachen.

Weshalb ist der Mensch so? Weil er eigensinnig ist und das Verlangen erhebt, das Glück solle zu ihm kommen, als stünde ihm soviel Gutes zu, verdienstgemäß. Der dumme Mensch jammert, wenn es ihm schlecht ergeht; der Weise lächelt nur, wenn ihn Ungemach trifft, nimmt es hin, achtet nicht viel darauf, hält sich insbesondere daran nicht auf, sondern schaut aus, wo sich ihm Besseres bietet, und dem Besseren macht er den Weg frei, indem er zunächst einmal — lächelt!

Dieser Punkt ist so wichtig, daß man es nicht deutlich genug sagen kann. Wer Pech angreift, besudelt sich, und wer sich mit Unglück befaßt, *macht* sich unglücklich. Lächle, so öffnest du dem Guten die Tür; bei dem Grimmigen kann es nicht eintreten. Solltest auch du in Klagenfurt geboren sein, so ziehe nach Glückstadt oder Freudenstadt um und vergiß deine klagenfurtische Herkunft radikal, winke ab, sobald jemand darauf zu sprechen kommt, leugne es, tritt es entzwei, werfe es weg! Wer das freilich nicht tun will, dem kann nicht geholfen werden. Solche Menschen sind an ihrem Unglück selbst schuld, man sollte ihnen kein Mitleid entgegenbringen, sondern ihnen die Wahrheit sagen. Man *kann* nämlich das Lächeln erwerben. Stelle dich vor den Spiegel, stelle dein Gesicht auf das allerbreiteste Lächeln ein — man muß es in den Gesichtsmuskeln als Anstrengung fühlen — und verbleibe dabei sechzig Sekunden lang unerbittlich und übe dies zehnmal am Tag ein paar Wochen lang, bis die Gesichtsmuskeln gedehnt und geweitet sind. Und unterlasse dabei das Denken. Du sollst lächeln, nicht denken. Sogar das noch muß man den Leuten erklären, daß Denken *denken* ist, hier aber handelt es sich nicht um denken, sondern um lächeln. In meiner Praxis habe ich oft genug erlebt, daß aus dem endlichen Erlernen des Lächelns eine Lebenswende hervorgegangen ist.

Nach dieser Einschaltung kehren wir wieder zum Thema zurück. Wir hatten gesagt: lausche auf den Atem hin, lasse nur noch dieses eine Bild im Bewußtsein sein, dann entsteht in dir noch ein anderes Bild: eine höhere Macht, die Lebensmacht, Gottes Allmacht. Sie lebt und strömt in mir, baut, wirkt und schafft an und in mir. Danke!

Hierüber können wir nur Freude empfinden, also entsteht das selige, entspannte Lächeln von selbst.

Wie die Sonne niemals Kälte, sondern immer nur Wärme und Licht ausstrahlen *kann*, so auch *kann* von Gott nur Gutes und Heilsames herkommen. Wir baden nun sozusagen in dieser Vorstellung, lassen uns von ihr durchdringen, geben ihr Zeit, machen sie zu unserer alleinigen Anschauung, verweilen darin, und schon zieht Friede in uns ein. Alles Böse, Schwere und Schlimme im Leben kommt nur daher, daß wir uns von Gott, dem Lichten und Warmen, abwenden und statt dessen wieder einmal auf die Welt hinstarren, auf das ewig Finstere, Friedlose, Unruhige, auf das Ich mit seiner Gier, seinem Mißtrauen und seiner ewigen Angst und Sorge.

Und nun, sobald wir fühlen, daß jetzt nur noch dieses Strömen und Fließen in uns ist, *nur* dies, *nur* Gott, jetzt ist es Zeit, unser Bewußtsein, auf ein Leitbild für die jetzt in uns wirkende Gotteskraft anzusetzen. Nicht Krankheitssorge, Krankheitsbetrachtung, sondern strahlende, vollendete Gesundheit! Nicht

Zweifel, Sorge, Angst, sondern die Überzeugung, Gott hilft mir! Nicht etwa, Gott *wird* helfen oder *möge* helfen, sondern: die Hilfe ist in diesem Augenblick bereits unterwegs! Gott *ist* schon am Werk! Danke!

Also nicht: ich *möchte* gesund werden! Sondern: eben jetzt, in diesem Augenblick, arbeiten die Gesundheitskräfte schon an der Herbeiführung. Danke!

Nicht Hoffnung, nicht Bitte, sondern freudige Gewißheit! Nicht: „Oh, *möge* doch Gott meine Krankheit wegnehmen!" Sondern: „Ich danke dir, Herr, daß du mir eben jetzt die Gesundheit in breiten Strömen schon zusendest, mich damit anfüllst, alles ins Rechte rückend. Danke!"

Dieses Leitbild setzen wir ins Bewußtsein, *dieses* Leitbild behalten wir bei, dann sinkt es in uns hinein bis in die Werkstätten des Lebens, in den Arbeitsbereich der Heinzelmännchen, und sie führen es aus. Es ist wunderbar, wie sie arbeiten können. Wie sie es machen, weiß niemand, doch *daß* sie es machen, das weiß ich gewiß, also sage ich danke dazu und — *freue* mich!

Es gibt hierbei ein Kennzeichen. Wenn Tränen der Freude und Ergriffenheit ganz von selbst aus den Augen laufen, dann hast du sozusagen die Empfangsbestätigung schriftlich und *fühlst* Gott in dir wirken.

Weiter ist nichts zu tun. Du hast überhaupt nichts zu tun gehabt. Du hast dich hingelegt, still gemacht, leer gemacht und Gottes Kraft in dich einströmen lassen, das war alles. Dauernd strömt dir von Gott her Gutes zu, Rettendes, Heilendes, Helfendes, doch jetzt erst, durch die Totenlage, hast du die Tür geöffnet, durch die es in dich eintreten konnte. Der „Tee" ist hinaus, das Eigendenken, Suchen, das krampfige Umherflattern in Angst, und nun endlich kann die „Luft" einfließen, der Friede, das Gute, der Segen, die Heilung, die Eingebung.

Das Abschalten

Wenn du die Übung beenden willst, rufst du sozusagen dich selbst wieder herein. Du ballst die Fäuste, straffst dich, atmest bewußt tief ein und aus, und nun kannst du die Augen öffnen und dich aufrichten. Du bist nun wieder „normal".

Hattest du alles richtig gemacht, so fühlst du dich namenlos befreit, glücklich, erfrischt und gekräftigt. Unwillkürlich hebst du zu singen an. Damit weißt du, daß es gelungen ist.

Eigentlich wären wir damit am Ende, doch zur immer noch besseren Erläuterung sind noch einige Hinweise dienlich.

Wenn wir von der Bank einen Kredit wünschen, so fragt sie, zu welchem Zweck wir den Kredit verwenden wollen. Wenn wir antworten, wir wollten das Geld für eine Vergnügungsreise haben, wird die Bank den Kredit verweigern, denn ein solcher Verwendungszweck trägt keine Zinsen und bietet keine Gewähr für Tilgung. Erwidern wir aber, wir wollten mit dem Geld neue Maschinen kaufen oder Material zur Verarbeitung in lohnendem Auftrag, dann erhalten wir den Kredit gern, denn in diesem Falle sagt sich die Bank, daß wir gut imstande seien, Zins und Tilgung aufzubringen.

Genauso sagt Gott, der große Lebensbankier: „Wenn du Gesundheit, Kraft und Hilfe haben willst, um damit besser im Sinne der Schöpfung wirken zu können, liebend, dienend, helfend, stets freundlich, gütig, dann ist es gerechtfertigt, dir das Gewünschte zu geben, denn du wendest es zum Segen für alle an."

Wenn wir also Gesundheit, guten Rat, rettende Führung begehren, dann dürfen wir Gewährung nur erwarten, wenn wir bereit sind, mit der wiedererlangten Gesundheit, dem guten Rat, der rettenden Führung den Menschen *dienen* zu wollen. Im Vaterunser heißt es „und vergib uns unsere Schuld in dem Maße, wie wir selbst unseren Schuldnern vergeben". Willst du Hilfe von Gott empfangen, also Segen und Gutes für dich, so darfst du das Empfangene nicht für dich allein haben wollen. Willst du die Liebe Gottes empfangen, so mußt du bereit sein, deinerseits den *Menschen* Liebe zu erweisen. Du darfst dich fortan nicht mehr mit Sorge, Kummer, Haß, Übelwollen, Furcht, Neid usw. abgeben, das ist die Bedingung. Es ist grundlegendes Gesetz, daß Heilung im Körper oder gute Fügung im Schicksal erst dann eintritt, wenn wir zuvor im Geiste, im Denken, heil geworden sind. Der Herr gibt es *„den Seinen"* im Schlaf, das heißt denen, die nach seinem Gebot leben. Räume zunächst in deinem Denken alles Schlechte weg. Vergib aufrichtig deinen Feinden, entschließe dich zu etwas mehr Liebe fortan, raffe dich zu einem neuen und besseren Leben auf, *dann* erst kann der Zustrom des Segens von Gott her dich erreichen.

Man soll ferner im Bewußtsein nichts anderes als die unfehlbare Gewißheit der bereits unterwegs befindlichen Heilung tragen, verbunden mit dem jetzt schon ausgesprochenen freudigen Dank, nicht aber darf irgendwelcher Zweifel daneben noch vorhanden sein. Aller „Tee" muß restlos hinaus, damit „Luft" eintreten kann. — An dieser Bedingung scheitern die meisten. Und dabei sagte Jesus ganz eindeutig: „Gehe hin, dir geschehe, wie du *geglaubt* hast!" Unser Glaube ist nicht das, was wir mit dem Munde bekennen, sondern das, was wir im tiefsten Innern glauben. Wir können aber das, was wir glauben wollen, durch beständige ruhige

Konzentration in uns einsenken, bis es da ist. Die Heilung durch den Geist unterscheidet sich von der Schulmedizin wie folgt: in der Schulmedizin wirkt der Arzt mit seinen Mitteln von außen her auf den Kranken ein, ohne daß der Kranke dabei etwas zu tun braucht; bei der Heilung auf dem Wege über den Geist muß der Kranke mitwirken. Es handelt sich nicht im geringsten um „Mumpitz", Aberglauben oder Gesundbeterei, sondern um zielsichere Anwendung des Gesetzes: „Alles, was oben im Bewußtsein deutlich genug und lange genug festgehalten wird, ungeschwächt durch Gegenbilder, setzt sich bis in die Wesenstiefe durch und wird dort von den Lebenskräften ausgeführt." (Das „Wie" wissen wir nicht, doch die Wirkung können wir feststellen.)

Wenn wir sagen „ich *möchte* gesund werden", gebrauchen wir schon wieder das schreckliche Wort „ich" und geben schon wieder einen Willensbeschluß kund. Doch das Ich ist gänzlich ohne Macht und kann wollen, soviel es will, ohne den Willen verwirklichen zu können. Es bemüht sich, müht sich ab, knirscht, ringt, verbeißt sich ... Gewisse Dinge *kann* aber der Mensch nicht vollbringen, folglich lassen wir von der Willensbemühung ab und überliefern uns und die Sache Gott, der höheren Macht, die *alles* kann. Nur indem wir alles Gott überlassen und unsererseits nicht mehr dazwischenreden, kann Gott wirken.

Da sitzt nun ein Mensch beim Zahnarzt, der Zahnarzt greift zur Zange, und der Mensch legt ihm angstverkrampft die Hand auf den Arm ... Ja, wie soll der Zahnarzt da helfen? Wir lassen ihn ja nicht ans Werk. Das einzige, das wir tun können, ist Stillsein und ihn arbeiten lassen. Erst wenn die Not am größten ist, ist Gottes Hilfe am nächsten. Erst wenn wir eingesehen haben, daß wir *nichts* tun können, erst dann kann Gott wirken. Solange *wir* etwas wollen, reden *wir*, und dabei sollten wir doch gelernt haben, daß wir ohnmächtig sind. Es können nicht zwei Köche im gleichen Kochtopf wirken, sie hindern sich gegenseitig. Entweder wir mit *unserer* Macht, oder Gott mit *seiner* Macht. Ein Mittelding gibt es nicht.

Mancherlei können wir selbst tun. Vieles kann der Arzt tun. Wenn aber sogar für ihn die Grenze des Möglichen erreicht ist, dann kann nur noch Gott etwas tun. Er tut es in Lourdes und überall in der Welt tausendfach täglich. Man nennt es „Heilung durch den Geist", eine Angelegenheit, bei der der Verstand nicht mehr mitmachen kann, und *doch* geschieht es. Es geschieht von jenseits her. Der Verstand kann hier weiter nichts tun, als hinterher konstatieren, hier sei ein Wunder geschehen! Doch es gibt keine Wunder, es gibt nur Gesetzmäßigkeiten, in die wir noch nicht vollen Einblick erhalten haben. Jeder Arzt weiß, wie wichtig es für den Heilverlauf ist, ob der Patient *gern* gesund werden will, an Gesundung *glaubt*, oder ob er am Gelingen zweifelt oder gar den Tod herbeiwünscht.

Meine Uhr ist entzwei. Ich selbst kann sie nicht reparieren, doch ich weiß, daß es hier in der Gegend einen Uhrmacher gibt. Ich gebe ihm die Uhr und freue mich, daß sie nun bald wieder in Ordnung sein wird. Wenn ich aber dauernd dabeistehe und ihn dränge, er möge doch dies tun, das tun, schrauben, ölen, feilen, wobei ich noch dauernd zetere, wie dringend ich die Uhr nötig hätte, wieviel davon für mich abhinge ... Und ob ich sie heute abend schon haben könne? Ich benötige sie so dringend, ich bin ganz verloren ohne die Uhr ...

Was wird er zu mir sagen? Er wird sagen: „Ich würde ja gern ans Werk gehen, aber Sie hindern mich dauernd, Sie machen mich ganz konfuse! Das beste ist, wenn Sie jetzt recht weit weggehen und lassen mich mit der Uhr allein!"

Und dann gehe ich spazieren, sehe mir den grünen Wald an, erhole mich, arbeite an etwas Nützlichem oder lese ein Buch... Doch was geschieht? Da gehe ich nun durch den schönen, grünen Wald, versuche zu arbeiten, versuche zu lesen, doch nichts davon gelingt mir, denn immerzu denke ich an die Uhr, die Uhr, die Uhr, *ob* sie wohl wieder heil wird, *wann* sie wohl wieder heil wird, ob sich *überhaupt* daran etwas machen läßt und ob sie nachher auch wieder *genau* gehen wird... Das heißt, ich mache mir Sorgen, die gänzlich gegenstandslos sind, nicht zur Sache helfen können, mir nur den Tag vergrämen, die Arbeit erschweren, die Erholung wegnehmen.

Genauso sorgen und grämen sich die Menschen und stehen Angst aus um Dinge, die gänzlich ihrer Hand entzogen sind. Mit Schattenbildern schlagen sie sich umher, anstatt vertrauensvoll die Uhr dem Uhrmacher zu überlassen.

Kurz gesagt, wir sollen Gott, dem liebenden Vater, unsere nichtfunktionierende Uhr hinbringen, dann aber nicht mehr daran denken, sondern ihm die Reparatur überlassen. Indem wir uns ängstigen, schädigen wir uns, hindern ihn am Werk und sündigen gegen das Gebot, auf Gott zu vertrauen.

Wohlgemerkt, dies alles ist nicht Theologie, sondern Biologie, Lebenslehre. Es ist nüchterne Anwendung des Naturgesetzes, das da lautet: „Was oben im Bewußtsein deutlich genug und lange genug als Vorstellungsbild festgehalten wird, findet zuletzt in der Sichtbarkeit seinen Ausdruck." Dieses Gesetz gilt für Christen wie für Nichtchristen; Gott lebt und wirkt in *allen* seinen Kindern. Jede spezielle Religion ist nur einer der vielen Wege, die alle zu Gott hinführen, während die Schulmedizin insofern eine gottlose Wissenschaft ist, als sie es unternimmt, Heilung auch ohne Einbeziehung Gottes herbeizuführen. Bis zu einer gewissen Grenze ist dies möglich, dann aber nicht mehr. Die meisten Menschen sind krank, weil sie an Gott nicht glauben. Sie glauben an Krankheit, Not, Geld, Gefahr und Zufall. Viele glauben an Gott, den Richter, den Rächer der Sünden, den Aufpasser, der die Kirchenbesuche zählt. Nur wenige glauben an Gott, den liebenden Vater aller seiner Kinder, der dem verlorenen Sohn, auch wenn er noch so sehr in die Irre gegangen ist, bei der endlichen Umkehr mit Freuden verzeiht. Ein solcher Glaube ist gesundheitsfördernd, weil er von Angstverkrampfungen freimacht.

Sorge und Vorsorge sind zweierlei. Ich sorge für Heizmaterial, weil ich weiß, daß der Winter kommen wird, doch ich ängstige mich nicht darum. Vorsorge treffen ist etwas anderes als Sorge tragen. Tragen heißt, eine Last schleppen. Wer beständig Lasten zu schleppen hat, kann nicht vorankommen.

Weshalb aber reden wir hier so eindringlich von Gott? Geht es nicht ohne ihn? Doch wir hatten uns ja schon vorher verständigt, daß wir mit „Gott" nicht Kirchenbekenntnisse meinen, sondern jene geheimnisvolle Macht und Intelligenz, die Leben hervorbringt und die hervorgebrachten Gebilde lenkt und steuert. Das Unerforschliche, das Nichtbegreifbare, nur Erahnbare, den schaffenden Geist, der Allmacht hat. Der bewirkt, daß im Frühjahr Wiesen und Wälder grün werden, daß aus einem weiblichen Ei und einem männlichen Samenfaden ein Mensch mit Herz und Seele, Geist und Körper hervorgeht. Wer, wie oder was Gott sei, wissen wir nicht; wir wissen nur: Gott ist! Gott wirkt! Gott lebt! Eine höhere Macht wacht über alles! Und sie wirkt nach *Gesetzen!* Geistiges bestimmt Körperliches; Körperliches wirkt geistig zurück! Moralisches äußert sich körperlich; Körperliches wirkt auf Seele und Geist. Eine Waagschale.

Und nun, gänzlich erfüllt von der Hingabe an dieses Empfinden in uns, hinlauschend auf Gottes Wirken im Atem und im Kreislauf, nur hieran denkend, nicht an uns, unsere Person, unsere Angelegenheiten, so liegen wir regungslos im Körper, regungslos im Geiste, und jetzt endlich geschieht es. Der Uhrmacher hebt an zu arbeiten. Was *wir* nicht konnten, kann *er.* Krebs und Knochenfraß, eitrige Lungen, ein ganz und gar hilfloses Herz, für ihn ist es wie nichts, er setzt alles zurecht. Danke!

Ich muß ihn wirken lassen, walten lassen, die eigenen Finger weglassen, Geduld haben und — alles umspannend — *Freude* empfinden. Staunende, dankende Freude, daß so Herrliches an mir geschieht. Danke!

Wenn wir Törichtes erbitten, gibt Gott es uns nicht, so wenig wie ein Vater seinem ungeduldig schreienden Söhnchen die begehrten Rasierklingen als Spielzeug gibt. Auch gibt uns Gott Erfolg und glückliche Lösungen erst dann, wenn wir reif genug sind, die Segnung zu empfangen. Voreilig zugefallene Erfolge machen untüchtig, eitel, frech und führen zu tiefem Fall. Der Stein der Weisen (wie Goethe sagte) ist kein bloßer

Stein, sondern der Stein der *Weisen*. Für Narren ist der Stein nutzlos.

Indem nun jemand religiös ist (was nichts mit Kirchenbesuch zu tun haben muß), schließt er die Angst aus, die Sorge, die Unsicherheit und damit Verkrampfungen, wohl aber gewinnt er die tiefe Freude, die aus dem echten Glauben hervorgeht, und insoweit gewinnt er Entspannung, Menschenliebe, Freundlichkeit und gänzliches Fernsein vom Negativen.

Mit dem Holzhammer

An und für sich wäre das Buch damit zu Ende. Der Leser, der begriffen hat, hat bereits alles begriffen, doch die Erfahrung zeigt, daß die meisten Menschen einer immer aufs neue erfolgenden Behämmerung mit dem Holzhammer bedürfen. Das Ich ist entsetzlich hart und liegt wie eine erzene Rinde auf dem Begriffsvermögen. Was die Leute sehen, ist das Sichtbare, Fühlbare, der Schmerz, der Druck, die Sachlage. Sie starren auf das Gegenwärtige und werden nicht müde, tausendfach immer wieder das gleiche zu reden. Und doch handelt es sich um nichts weiter als darum, dies eben *nicht* zu tun. Was zur Zeit besteht, ist das, was wir schon wissen, wir brauchen es daher nicht dauernd in immer neuen Worten zu beschreiben und zu bedenken. Die Beschreibung nützt uns nichts. Was uns nützen kann, ist nicht das, was zur Zeit besteht, sondern das, was — als Besseres — *kommen* soll. Rede nicht von deiner Krankheit, denke nicht an deine Krankheit, beschreibe sie nicht, belausche sie nicht, denn mit alledem wirst du sie nicht los, du nährst sie damit nur, befestigst sie. Wende dich dem zu, was kommen soll, der Gesundheit, und befestige *dieses* Bild in dir.

Möge dem Leser folgendes groteske Gleichnis helfen: Ein Mann kommt ins Gasthaus und erzählt dem Kellner, was für einen schrecklichen Hunger er habe. Er habe den Hunger schon sehr lange, der Hunger kneife und peinige ihn, er wird vor Hunger gleich ohnmächtig umfallen, es ist ein fürchterlicher Hunger, ein ganz schrecklicher Hunger. Nächstens wird er tot umfallen! — Wird ihm der Kellner etwas bringen? Was denn? Hat der Gast einen Auftrag erteilt? — Das hat er *nicht,* also wird ihm der Kellner nichts bringen, und der Hunger regiert immer weiter und natürlich immer schrecklicher.

Ein anderer Gast, der ebenfalls Hunger hat, kommt herein und sagt zu dem Kellner: „Ich habe gehört, daß man hier etwas zu essen bekommen kann. Ich würde gern etwas bestellen, doch ich weiß nicht, ob der Koch noch in der Küche ist, und wenn schon, so weiß ich nicht, ob er noch Vorräte hat, und selbst dann weiß ich nicht, ob er bereit ist, für mich zu kochen. Sehen Sie, wenn ich dies alles wüßte, würde ich gern etwas bestellen. Vor allem aber glaube ich, daß für solchen Hunger, wie ich ihn habe, die Küche nicht gerüstet ist. Es ist nämlich bei mir ein ganz besonderer Hunger, kein gewöhnlicher, wie ihn Krethi und Plethi hat, verstehen Sie?" — Wohl, wohl, der Kellner hat ihn verstanden, er ist ja nicht taub oder blöd, doch bringen wird er dem Gast nichts, denn der Gast hat ja nichts bestellt.

Und nun kommt der dritte Gast, der genau solchen Hunger hat, doch von dem Hunger redet er nicht, denn gegen Hunger hilft kein Reden, hier hilft allein etwas Tüchtiges auf dem Teller. „Herr Ober", ruft er, „einmal Kalbskotelett, bitte!" Und das ist ein Wort, das der Kellner versteht. Er geht in die Küche zum Koch und gibt dem Koch Weisung: „Einmal Kalbskotelett!" Das wiederum ist für den Koch ein Wort, auf das er geradezu gewartet hat. Bisher, solange keine Bestellungen kamen, hat er nichts weiter getan, als die Küche in Ordnung zu halten, doch jetzt, als er *diesen* Ruf vernimmt, weiß er, was er zu tun hat und tut es. Er fragt nicht, wes Standes der Gast sei, ob er würdig sei, ob er bezahlen könne, auch nicht, ob ihm das bestellte Essen bekömmlich sei oder vielleicht sehr unbekömmlich ... Das geht ihn nichts an; ihn geht nur an, das Bestellte herzurichten.

Und der Gast? Schon indem er das Essen bestellt hat, fühlt er den Hunger nicht mehr so arg. Er weiß, daß bald etwas kommen wird. In dieser Erwartung läuft ihm bereits *jetzt* schon das Wasser im Munde zusammen, der Magen richtet sich schon vorher auf das Erwartete ein, die ganze Natur im Menschen freut sich. Selbstverständlich benötigt der Koch Zeit; er ist ja nicht Zauberer, sondern Koch, doch kochen tut er, und fertig wird er, das ist gewiß. Und dann kann gegessen werden, und der Hunger ist weg.

Nun aber stellen wir uns folgenden Fall vor: der Gast hat ein Kalbskotelett bestellt, und der Koch hat mit der Zubereitung angefangen. Inzwischen hat aber der Gast seinen Sinn auf Omelett gerichtet und ruft dem Kellner zu: „Bestellen Sie das Essen um; ich möchte lieber Omelett haben!" Darauf läßt der Koch das begonnene Werk ruhen und geht an die Zubereitung des Omeletts. Und auch hierbei wird er gestört, denn plötzlich ist es dem Gast eingefallen, er wolle lieber Kabeljau haben. Darauf entsteht in der Küche eine große Sauerei von allerlei Angefangenem, doch nichts Fertigem, und letzten Endes serviert der Kellner — nichts! Dies nicht und das nicht, bestenfalls ungenießbaren Mischmasch, durchaus entsprechend den Bestellungen.

Oder folgendes: der Koch ist soeben dabei, gemischten Salat zuzubereiten, da kommt der Kellner hereingelaufen und ruft: „Der Gast meint, er bekäme vielleicht nichts und ist wieder gegangen!" Was tut der Koch? Er wirft die ganze Bescherung in den Abfalleimer. Zu servieren bekommt der Keller nichts.

Genauso schikanieren wir die Heinzelmännchen in uns. Sie haben angefangen, zu arbeiten, da senden wir ihnen einen neuen Plan zu, dann abermals einen neuen und zuletzt sogar glatte Umkehr, glatte Aufforderung zur Arbeitseinstellung. Wir denken: „Mir wird ja *doch* nicht geholfen! Meine Krankheit (oder meine Lage) ist so schlimm, da kann sogar Gott nichts retten." Und schon sitzen wir drin in der Sorge, in der Angst, denken nicht an Hilfe aus der Allmacht, sondern an die Meinung des Professors, erwarten nicht mehr Gesundung, sondern lauschen auf den Schmerz, auf die Krankheit ... und schon meldet sich die Krankheit zur Stelle und sagt: „Hier bin ich!"

So geht es zu, wenn wir oben im Bewußtsein jetzt dies, dann jenes und gleich darauf schon wieder etwas anderes bedenken ... Es strengt furchtbar an, doch geschaffen wird nichts. Daher: Konzentration! Bei der einmal erwählten Vorstellung verbleiben, nichts anderes bedenken, der Vorstellung Zeit geben, ins Unbewußte einzusinken und dort zu wachsen, zu gedeihen, Gestalt anzunehmen.

Sogar die gutmütigen Heinzelmännchen nehmen es zuletzt übel, wenn sie sinnlos hin- und hergeschickt werden. Erst kommt der Gesundheitsauftrag, dann kommen Zweifel, die ganze angefangene Arbeit ist sinnlos geworden ... „Was sollen wir nun tun?" Und so ergrimmen sie und tun endlich gar nichts. — Dir geschehe, wie du geglaubt hast!

Wir dürfen natürlich nicht so ausgefallene Sachen bestellen wie etwa gebackene Elefantenohren oder Salat aus Mondschein, denn die Küche ist nicht für perverse Feinschmecker hergerichtet, sondern zur Stillung natürlichen, vernünftigen Bedarfs. Und hier ist die Speisekarte keineswegs knapp und kleinlich, sie ist im Gegenteil groß und weit angelegt. Lebenstüchtige Körperzellen, gesundes Blut, der richtige Blutdruck, elastische Adern, Abfuhr von Schlacken, Ausbesserung schadhafter Stellen, gesundes Gewebe, das sind berechtigte, lebensnotwendige Dinge, auf deren Herstellung und Einfügung die Heinzelmännchen eingerichtet sind. Und wenn du gar noch den Vorsatz hegst, künftig ein besseres Leben zu führen, die wiedererlangte Gesundheit besser anzuwenden als bisher, Gott besser beachtend als bisher, dann kommt ein wahrer Feuereifer über die Heinzelmännchen, denn sie sind ja Gottes Angestellte, und daher, wenn du derart denkst, erkennen sie in dir ihren Freund und arbeiten geradezu mit Hingabe, erfinderisch, meisterhaft erfinderisch, bis sie sogar Krebs weggebracht haben.

Nur dem Würdigen fließt der Kredit zu, nur dem Fähigen und Willigen wird das hohe Amt mit den Vollmachten zugesprochen.

Das also wäre das erste, das du dir vorzunehmen hast! Liebe willst empfangen, Rettung aus tiefster Not, also sollst du auch Liebe zu erweisen bereit sein. Um eine neue Gesundheit mit Recht zu empfangen, mußt du zunächst einen neuen Geist haben, bessere Lebensvorsätze. Hast du Feinde, so vergib ihnen. Bist du besitzgierig oder von Angst vor dem Leben besessen, so räume dein Herz aus, mache es sauber, ergib dich dem Willen Gottes und lasse den Eigenwillen und damit die Furcht weg. Gieße den Tee restlos aus, mache die Kanne nicht nur leer, sondern auch sauber, dann strömt die Allmacht Gottes in dich ein, das Unsichtbare, die „Luft".

Gespräch mit der Niere

Ich selbst hatte einmal folgende Erfahrung gemacht: Ich hatte Nierenschmerzen, wurde mit allen Schikanen der Wissenschaft untersucht, und der Befund lautete: pflaumengroßer Stein in der linken Niere; sofortige Operation! Und dabei war ich schon ein alter Knabe, reichlich alt für eine Nierenoperation. Ich sagte mir nur das eine Wort: *„Nein!"* Und wandte die Totenlage an, Tiefentspannung. Ich legte mich hin, erlaubte meinem Denken keine Beschäftigung mit der Niere, auch nicht mit dem Professor, auch nicht mit irgendwelchen Ängsten um das, was aus mir werden würde, sondern lauschte allein dem Atem nach, dann dem Kreislauf nach der Formel „und das strömt und strömt, danke" und wußte damit: „So also arbeiten die göttlichen Kräfte in mir, Kräfte der Allmacht! Danke!" Und ich stellte mir die Niere im Geiste vor, ihre Lage, ihre Funktion, und dorthin, in die Niere hinein, lenkte ich nun mein Denken und Vorstellen. Damit lenkte ich den Lebensstrom in die Niere. Das Wort „ich" kam in meinem Denken nicht vor, auch keine Bitte um Heilung, sondern allein die Vorstellung, daß eben jetzt die Heilung schon eingeleitet sei. Danke!

Dann, während ich dalag und das Strömen und Fließen immer deutlicher, immer stärker in mir fühlte und dabei wußte, daß dies der Anfang der Heilung sei, dachte ich etwa folgendes: „Da habe ich nun wissentlich oder unwissentlich Fehler begangen, Verstöße gegen die Ernährungsgesetze, zu wenig Ruhe, zuviel Arbeitswut, vielleicht auch Leichtsinn durch zu langes Duschen mit kaltem Wasser im kalten Raum... „Nun ja", sprach ich zu der Niere, „damit habe ich dich geärgert, gereizt, aber nun sei doch, bitte, nicht gar zu übelnehmerisch! Du bist jahrelang eine wunderbare, gut arbeitende Niere gewesen und wirst es von jetzt an wieder. Ich werde jetzt in der Ernährung besser auf dich Rücksicht nehmen, dem Körper mehr Ruhe gönnen, ihm genügende Bewegung geben, vor allem aber will ich ein besserer Mensch werden! Ich habe zu sehr der Welt nachgejagt, den Blick zu sehr auf sie und zu wenig auf Gott gerichtet. Das will ich von jetzt an nicht mehr tun. Ich sehe jetzt ein, daß ganz andere Dinge wichtig sind, denn was nützt mir die ganze Welt, wenn die Niere schmerzt? Und dir, Herr, danke ich für die Mahnung, die du mir erteilt hast. Ich habe das jetzt begriffen und will wieder brav sein. Dann aber, wenn ich wieder brav bin, brauchtest du eigentlich die Mahnung nicht fortzusetzen, denn du bist ja nicht grausam, sondern der liebende Vater, auch wenn sich das Kind einmal verirrt hat. Der Stein in der Niere hat seinen Zweck schon erfüllt. Er könnte sich nun auflösen und verschwinden. Ich weiß ja nun: nicht mehr hart und mißtrauisch sein, nicht selbstgerecht, auch nicht anspruchsvoll, niemandem grollen, auch nicht mehr hinter der Welt herjagen, eilig, atemlos... Siehst du, liebe Niere, wenn *ich* mich nun ändere, dann könntest auch du dich ändern und wieder werden wie früher. Der Herr ist mein Hirte, ihm gebe ich mich in die Hand. Mich erschreckt nichts mehr. Alles wird gut. Danke!"

Damit stellte ich die erforderliche Ruhe in mir her. Ich ließ davon ab, die Heinzelmännchen mit Sonderaufträgen hin- und herzujagen, und damit konnten sie sich auf die Niere konzentrieren.

Ich stellte mir vor: „Es haben sich da in der Niere allerlei Salze gebildet, die Salze haben sich gesammelt, verhärtet, sind Stein geworden, doch jetzt löst sich der

Stein, er wird wieder zu Sand, und der Sand geht durch die Harngänge ab. Danke!"

Damit gab ich den Arbeitsplan, und bei dem Plan verblieb ich. Zweifel wurden gar nicht eingelassen, nur große Freude lebte in mir, und nach drei Wochen war ich beschwerdefrei.

Wieso können sich Salze in der Niere ablagern? Erstens durch eine Ernährung, die der Salzbildung förderlich ist, zweitens durch allgemeine Störung des Lebensstromes, so daß dieser die Salze nicht abschwemmen kann. Ärger, Sorge, Hast usw. bewirken solche Störung. Sie hindern die Kanalisations-Heinzelmännchen. Angst und Sorge führen zu Magenleiden. Zorn führt zu Kreislaufstörungen. *Jede* Störung im Gemütsleben führt *irgendwo* zu Störungen der Lebensabläufe im Körper. Es ist ein vollkommen klarer Fall, die Erkrankung so gut wie die Gesundung. Stelle Harmonie im Denken her, so findet sich entsprechende Harmonie auch in der Körperarbeit ein. Der Mensch ist ein *geistiges* Wesen. Wenn du dich doch nur endlich danach richten wolltest!

Ob es sich um Asthma handelt, um Niere, Arthritis, Rheuma, Herzleiden, Magenleiden — es ist alles das gleiche und unterliegt den gleichen Gesetzen der Erkrankung wie auch der Heilung. Ängstige dich nicht um die Krankheit, befasse dich nicht damit, beschäftige deinen Geist niemals mit der eingehenden Beschreibung der Krankheit, dem Belauschen der Krankheit, sondern wirf diesen Unsinn weg und wende dich der Gesundheit zu.

Hast du Rheuma, so beschreibe nicht die Schmerzen, sondern stelle dir eine Schulter oder ein Knie vor, in denen das Leben gesund und frei vor sich geht. Freie Gelenke, freie Blutbahnen, unbeschwerte Zellen! Stelle dir vor, wie alles Hindernde jetzt — eben in diesem

Augenblick — weggeschwemmt wird, wegfließt, abgeht, irgendwohin, auf alle Fälle hinaus. Das „Wie" geht dich nichts an. Ich habe keine Ahnung, wie der Koch ein Kalbskotelett zurechtmacht, ich habe keine Ahnung, *wie* die Heinzelmännchen das Kunststück fertig bekommen, ich *weiß nicht*, wie der Uhrmacher es macht. Ich weiß nur, daß ich jetzt „danke" zu sagen habe.

Soweit der Arzt helfen kann — bitte, herzlich gern! Er kann sehr viel helfen. Er kann mir sagen, welche Dummheiten ich fortan zu vermeiden habe und in welcher Weise ich den Heilungsvorgang unterstützen kann. Er bringt mich von den Dummheiten ab, durch die ich bisher die Krankheit gefördert habe und kennt allerlei Mittel, um die Heilung herbeizuführen, zu unterstützen, zu beschleunigen.

Selbstverständlich muß ich mich von da an „vorsehen", das heißt ich darf nicht gegen die Lebensgesetze verstoßen, den Heinzelmännchen nicht Unerträgbares zumuten. Ich soll überhaupt *Gott* lieben, nicht den Bauch, den Gaumen, die Eitelkeit, den Ehrgeiz. Stelle ich Gott höher als die Welt, dann stürze ich nicht in die Abgründe der Welt hinein, sondern halte mich zurück. So etwas, was der Unwissende sich vorstellt, gibt es nämlich nicht: strafbare Handlungen begehen und doch vom Staatsanwalt nicht heimgesucht werden! Dem irdischen Richter kann man oftmals entgehen, Gott nie. Überfüttere dich, so wirst du krank, denn du *sollst* dich nicht überfüttern. Überarbeite dich, so wirst du krank, denn du *sollst* nicht dem Ichwahn nachjagen, sondern für Gott leben. Gott schreibt dir keinen Brief, doch er sendet dir seine Boten. Sie heißen Unruhe im Gemüt, Unpäßlichkeit, Krankheit. Es sind gutgemeinte Mahnungen zur Umkehr.

Die geistigen Gesetze gelten nicht nur für Körperkrankheiten, sie gelten auch im seelischen und sogar im materiellen Bereich.

Ich weiß nicht, wie ich die demnächst fällige Abzahlungsrate bezahlen soll, ich habe mir schon den Kopf zermartert, mehrere Hoffnungen, auf die ich gerechnet hatte, sind geplatzt, geliehen bekomme ich nichts, der Termin rückt immer näher heran, ich werde womöglich noch strafrechtlich verfolgt oder gepfändet werden... Was soll ich tun, was soll ich tun? Tue ich dies? Tue ich das? — Und ich finde den Ausweg nicht, ich finde und finde ihn nicht, ich bin „fertig".

In diesem Zustand höre ich auf, noch länger umherzusuchen, denn ich habe langsam gemerkt, daß ich nichts finden kann. Wohlgemerkt, *ich* kann nichts finden! In meinem Verstand ist die Lösung nicht vorhanden. Also muß ich sie außerhalb suchen, sie muß von jenseits her in mich einfallen als Einfall, Eingebung, Idee.

Wie aber kann etwas in mich einfallen, wenn alles in mir vollbesetzt ist? Ich muß demnach alles hinaustun, freien Raum schaffen und mich offenhalten, dann kann der Einfall in mich hinein.

Ich höre also auf, nun etwa zum tausendsten Male die Sorge, die Not, die Angst, die Gefahren zu bedenken, sondern sage mir nur: „In Gottes Allmacht und Weisheit ist auch für meinen speziellen Fall die Lösung vorhanden. Nun, Gott, sende sie mir, laß mich erkennen, was hier zu tun ist, und da du der liebende Vater aller deiner Kinder bist, *tust* du es bereits, und ich danke dir schon jetzt für den Empfang. Gott verläßt die Seinen nie; zum Wesen des Vaters gehört es, daß er dem hilferufenden Kind die Hand reicht. Danke!

Und darüber *freue* ich mich. Es *ist* schon alles gut, die Not *ist* schon zu Ende, die Rettungsmannschaft ist schon unterwegs.

In diesem Gefühl verweile ich, im reinen dankbaren, freudigen Anschauen des *Schönen*. Und dann ereignet sich folgendes: plötzlich fällt mir ein längst vergessener Freund ein! Plötzlich fällt mir ein, in aller Ruhe mit der Firma zu sprechen, ohne Angst, doch guten Willens, alles zu tun, was von mir verlangt werden kann. Und der längst vergessene Freund hilft mir, oder der Mann in der Firma glaubt mir, versteht mich und hat Geduld, oder von irgendwoher kommt unerwartetes Geld oder ein lohnender Auftrag oder Nebenverdienst.

Das ist der vielberufene „Finger Gottes", die „glückliche Fügung", der „Zufall". Oder vielleicht auch empfinde ich nach der Totenlage das Gefühl: „Mögen sie machen, was sie wollen; auf jeden Fall höre ich mit der *Angst* auf!" Und schon ist mir wohler, und irgendwie löst sich nachher auch die Frage. Oder ich erschwinge die benötigte Summe auf die mühsamste schrecklichste Weise, und plötzlich geht mir ein Licht auf: „Es war *gut*, daß ich in dieser Not habe schwitzen müssen; *gut*, daß ich eine Lehre empfangen habe!" Vielleicht hat sich durch diese Not die wunderbare Kameradschaft meiner Frau offenbart. Ich hatte ihrer zuweilen schon überdrüssig werden wollen, ich war nicht zufrieden mit ihr, doch jetzt fühle ich mich vom Abgrund zurückgerissen und weiß, was ich an ihr habe. Oder die Krise hat offenbart, wie wenig ich mich auf meine Frau verlassen kann, und auch diese Erkenntnis, früh genug gemacht, hat Wert. Ohne die Not würde die Erkenntnis nicht gekommen sein. Es war mithin etwas *Gutes*, was mir da passiert ist. In meiner Blindheit hatte ich gedacht, es sei schwer und schlimm, doch jetzt erkenne ich darin den Fingerzeig einer viel höheren Weisheit, die es gut mit mir meint.

Auf alle Fälle: was kommt, ist *stets* gut, auch wenn ich es zunächst nicht erkennen kann.

Zu solcher Erleuchtung gelangen wir aber nur, wenn wir am Ende waren und uns Gott hingegeben haben. Solange der Mensch noch meint, er allein, er mit seinem Witz und Verstand könne die Lage meistern, solange prallt der Lichtstrahl der Erleuchtung von ihm ab.

Herr, gib mir Erleuchtung! Herr, gib mir Kraft! Dies sind die beiden einzigen Bitten, die Berechtigung haben, denn hier erbitte ich etwas, das mich zum Leben im Sinne Gottes besser geeignet macht, was also mir *und* allen anderen dient.

Herr, gib mir Erleuchtung, daß ich einsehen lerne, wie kurzsichtig mein Urteilen ist, wie töricht mein Hadern und Grollen und vor allem das Fürchten und Sorgen. Du bist der liebende Vater, der alle seine Kinder versorgt, und zwar mit Weisheit und zur rechten Zeit. Wenn ich das weiß, indem ich diese Vorstellung oft genug, deutlich genug und lange genug in mir hege, so lange, bis sie in mich eingedrungen ist, dann endlich *weiß* ich es, dann endlich durchdringt diese Vorstellung mein Wesen, mein Denken, meine Handlungen und gestaltet somit mein — Schicksal!

Herr, gib mir Kraft! Kraft, um zu tragen, was mir auferlegt ist. Es wäre Feigheit, zu bitten, Gott möge mir die Last erlassen, denn damit würde die notwendige Gerechtigkeit im Lauf der Welt zerstört. Verstöße, Sünden und Dummheiten sind wie Sachen, die wir verzehrt haben und die wir bezahlen müssen, weil sonst die Welt nicht bestehen könnte. Es wäre so, als wollte ich beten: „Lieber Gott, lasse mich täglich gegen die Ernährungsvernunft sündigen, auch gegen das Gesetz der Liebe, überhaupt gegen alle Gesetze, ohne daß von daher schmerzliche Folgen für mich eintreten!

Lasse mich überall stehlen, ohne daß ich erwischt werde!" — So etwas *kann* nicht gewährt werden. Sondern: was ich verschuldet habe, muß ich bezahlen; nun aber gib mir die Kraft, die dazu nötig ist!

Wenn wir klüger sein wollen als Gott, stoßen wir uns jedesmal schmerzhaft. Eine Dame wurde asthmatisch, weil sie wegen des Todes ihrer Mutter haderte. Sie wollte es nicht hinnehmen, daß eine viel höhere Weisheit den Tod der Mutter verfügt hatte. Sie grollte, grübelte, verkrampfte sich, lebte in dauernder Verklemmung, und zuletzt hatte sie Asthma. Das Asthma schwand hin, als sie den Widerstand aufgab und den Tod ihrer Mutter bejahend hinnahm.

Sie legte sich in die Totenlage, entspannte sich, ließ das Strömen und Fließen kommen, das Warmwerden, Schwerwerden, machte sich leer und still und setzte dann ins Bewußtsein das Bild: „Selig und erlöst sind die Toten, sie sind befreit von der Last des Lebens, ihre Arbeit ist beendet. Der Körper wird ins Grab gelegt und verwest, doch das Geistige im Menschen vergeht nie. Meine Mutter lebt heute noch, doch sie lebt in einer schöneren, besseren Welt, in die auch ich einst gelangen werde. Verwalter hierüber ist Gott, ich aber sündige gegen Gott, wenn ich die schönen Kräfte, die er mir täglich neu gibt, nicht zum Dienst an der Welt anwende, sondern zum Grollen, Hadern und Grübeln. Das tue ich nun nicht mehr. Gott in seiner Güte verzeiht mir die bisherige Irrung, denn ich konnte nicht stärker sein, als es mir möglich war, auch nicht klüger, doch von nun an beginne ich einzusehen, wie ich zu leben habe, und dann freilich kann das Asthma von mir genommen werden, es ist nicht mehr nötig, ich bin ja bereits in der Umkehr. Ich *danke!*"

Und schon begann sich das Asthma zu lösen.

„Ich habe eine unüberwindliche Abneigung gegen meine Arbeit, gegen den Chef und gegen die Kollegen; ich könnte mich erbrechen, wenn ich frühmorgens nur durch den Eingang gehe!" — Indem wir recht oft so denken, recht deutlich so denken, vergrößern wir den Abscheu, bis wir zuletzt regelrecht erkranken. Magengeschwüre, Herzanfälle, Gallenleiden, bleierne Müdigkeit, Zuspätkommen, Mißgriffe, Irrtümer, Streitigkeiten, Reibungen, Erschlaffung, bis wir zuletzt hinausgeworfen werden. Nun aber legen wir uns in der Totenlage hin und stellen uns vor (mit lächelndem Gesicht): „Makellos schön und angenehm ist kaum eine Arbeit. Andere leisten die gleiche Arbeit, ohne sich erbrechen zu müssen. Es liegt demnach an mir persönlich, an meiner Einstellung zur Sache. Wo liegt der Fehler? Soll vielleicht die Qual nur eine Mahnung bedeuten, mich anderswo umzusehen? Gut, ich *sehe* mich nach etwas anderem um. Oder ich betrachte die Sachlage von heut an bewußt anders. Meine Arbeit ist schön und gut, vor allem notwendig, sie dient dem Fortgang der Welt, sie sichert mir meinen Lebensunterhalt, sie gibt mir die Rechtfertigung dafür, die Arbeit anderer Menschen entgegenzunehmen. Meine Kollegen sind keineswegs schlechte Menschen, sie sind so, wie sie anders gar nicht sein können. Mehr als sie haben, können sie nicht geben. Wenn ich sie mit Geduld ansehe, ihnen freundlich entgegenkomme, Anstöße nicht übelnehme, wenn ich ruhig bleibe, gern zur Verzeihung bereit bin, dann ist die Arbeit *nicht* drückend. Mein Chef ist ein guter Mensch, Gott segne ihn! Daß er sich zuweilen unangenehm benimmt, ist nicht seine Bosheit, sondern seine *Art*. Er weiß es nicht besser, ich aber lasse mich von ihm nicht erregen. Möge er sein, wie er ist; meine Sache ist es, daß *ich* gut bin. Dazu verhilft mir jetzt Gott, danke!"

Denn niemand anders als die höhere Macht kann hier helfen. Uns selbst zu helfen haben wir schon versucht; es ist nicht gelungen. Betriebsrat und Arbeitsgericht haben ebenfalls nicht helfen können, folglich kann nur noch Gott helfen. Er hilft, indem er uns entweder ruhiger, gelassener macht, oder indem er uns zuspricht: „Halte aus, doch sieh dich von heute an um, ob du irgendwo etwas Besseres findest!" Das einzige, das gänzlich unnütz ist und von der Natur sofort bestraft wird, ist Klagen, Grollen, Jammern.

Es kann sein, daß ein Mensch total verzweifelt ist, er schwankt zwischen drei, vier, fünf, sieben Entscheidungen umher und kann sich zu nichts entschließen, doch nun übergibt er die Sache Gott, hat sich hingelegt, entspannt und sich vorgestellt: „Alles wird gut, danke! Und fühlt schon das Strömen und Fließen in sich und weiß nun, daß eben jetzt die Lösung bereits eingeleitet ist. Eines abends, in einem Gasthaus, trifft er einen Fremden, kommt mit ihm ins Gespräch, und aus dem Gespräch ergibt sich für ihn das, was er gesucht hat und bisher nie hatte finden können. Vielleicht erzählt ihm der Fremde: „Ich bin hierhergefahren, um drei Bewerber um einen Posten in meiner Firma zu prüfen, doch es ist zum Verzweifeln, wie schwer es ist, den geeigneten Mann zu finden." Und er schildert, welche Eigenschaften der Mann haben müsse, und siehe, er bietet dir damit die gesuchte Gelegenheit. Und sei es auch nur, daß du ihm sympathisch bist, weil du aus seiner Heimatstadt stammst und vorher im Gespräch einen guten Eindruck auf ihn gemacht hast. Aber ein verbitterter, verzweifelter Mensch, der nur zu stöhnen und zu klagen weiß, nur Vorwürfe zu erheben weiß, macht nie einen guten Eindruck, er wirkt nicht „warm", sondern „kalt", und das stößt ab. Es handelt sich um jene Ausstrahlungen, die man Sympathie und Antipathie nennt.

— Mit einem Menschen, der Kälte ausströmt, lasse ich mich nicht ein, selbst wenn er mir Zucker böte. Sein Zucker ist giftig.

Solches Finden und Zusammenkommen ist niemals Zufall. Zufall ist das, was uns unserer ganzen Anlage gemäß rechtens zufällt. Von Gott her! Von der moralischen, ethischen und körperlichen Zentralverwaltung her, von „oben" her. Dort oben wird genauestens alles verbucht, auch die Zeit wird einbezogen.

Indem man so etwas glaubt, sich darauf verläßt, sich nicht einmal wundert, wenn es eintritt, so *lebt* man gesünder, gefestigter, kraftvoller. Geht es uns schlecht, so lautet die einzige Frage: „Jetzt brauche ich nur noch herauszubekommen, welchen Fehler ich gemacht habe und brauche mich nur noch zu bessern, also in mich zu gehen, klein werden, demütig, dann wird mir die Erleuchtung aufgehen und zugleich wird sich die Sachlage bessern. Oder aber, ich soll jetzt ein bißchen geschmiedet und zurechtgehämmert werden, weil ich nämlich bald zu einem *ganz* großen Glück berufen bin!"

Anmerkung: wer unter Glück *Geld* versteht, ist ein armer Anfänger in diesen Dingen. Um zufrieden und glücklich zu sein, braucht man nicht reich zu sein; sieh dir die vielen reichen Leute an, die alles andere als glücklich sind, dann weißt du Bescheid.

Nur wenn wir glauben können, das Leben komme aus viel tieferen Quellen und werde von viel höheren Mächten gesteuert, nur wenn wir an Gott glauben, der die *Liebe* ist und bei dem die *Allmacht* wohnt, nur dann können wir ins Bewußtsein vollendete Ruhe einsetzen, vollendete Zuversicht, und dann endlich vermögen die die Heinzelmännchen nach einem Plan ohne Furcht und ohne Krampf zu arbeiten. Wir sagen nicht: ich *will* gesund werden, wir *bitten* auch nicht um Gesundheit, sondern wir sagen vollauf durchdrungen, daß wir eben jetzt schon, in diesem Augenblick, im Gesundwerden begriffen sind. Die Bestellung ist aufgegeben, der Koch hat sie vernommen, er ist schon am Werk, und er *kann* kochen, in seiner Küche fehlt es an nichts. Für ihn gibt es keine Grenzen. Kurz gesagt: Psychologie ohne Gott ist bloßes Menschenwerk!

Es war einst eine unglückliche Frau bei mir, sie war Rechtsanwältin, Verstandesmensch, voll von Kritik, und sie lief nach der vierten Stunde aus dem Unterricht weg als sie sah, wie ich arbeitete. Sie hielt Gott für Mumpitz, mein Gerede für Frömmelei, Scharlatanerie, Aberglauben, und hierüber war sie erhaben. Was sich nicht vor dem Verstand rechtfertigen ließ, war für sie abgemeldet. Atmen ist ein Austausch von Sauerstoff gegen Kohlensäure. Sie lehnte es ab, zu lächeln. Das Leben sei viel zu grausam, als daß man lächeln könnte. Sie als Juristin wisse, wie hinterhältig und berechnend Menschen sind. Aus ihrem ganzen Gesicht sprach dieses Denken. Solchen Menschen ist allerdings nicht zu helfen. Wie soll denn Gott in uns eintreten können, wenn wir die Tür zusperren?

Wenn wir alles alte Gerümpel aufbewahren, kann Neues nicht ins Haus. Wenn wir Angst, Haß, Mißtrauen usw. hegen, alle Beleidigungen, Kränkungen und Enttäuschungen aus der Vergangenheit in uns festhalten, nicht lieben wollen, nicht vertrauen, dann — wie man so sagt — „dann geht es nicht". Wenn wir einwenden, man müsse doch zugestehen, der und der Mensch tauge nichts, man *könne* ihn nicht lieben, dann haben wir den Sinn des Ganzen immer noch nicht verstanden. Es mag uns so vorkommen, als tauge ein Mensch nichts, doch unser Urteil ist nicht maßgebend. Es kann sein, daß er auf manchem Gebiet mehr taugt als wir. Es kann sein, daß er sich sehr bald ändert. Die großen Heiligen hatten meist als arge Sünder angefangen. Nicht kritisieren sollen wir, sondern lieben. Lieben heißt „liebevoll betrachten", verstehend, verzeihend, duldsam. In jedem Menschen liegen Gut und Böse eng vermischt. Wir schädigen die Welt und uns selbst, wenn wir auf das Unzulängliche hinschauen, um es zu verdammen, während wir der Welt und uns selbst nützen, wenn wir das Unzulängliche Gott überlassen und den Blick auf die Vorzüge richten, auf die *guten* Seiten, doch hierzu sind wir außerstande, solange wir hastig, kurzatmig und von Vorurteilen besessen denken. Erst wenn wir die körperliche Ruhe hergestellt haben, können wir zur seelischen und geistigen Ruhe gelangen, zur Stille, und dann erst können wir zur Liebe bereit sein, zum ruhigen freundlichen Urteil ohne Erregung. — Es dürfte einleuchten, daß dies (wieder einmal) durchaus nicht Theologie, sondern reine Biologie und Therapie ist.

Meditationsthemen zum
Bedenken in der Totenlage

Wenn man den jetzt folgenden Abschnitt nur als Lesestoff liest, ist er nutzlos, denn das rasch Gelesene bekommt keine Zeit zum Einsinken, kann sich nicht entfalten, kann uns nichts geben. Anders steht es damit, wenn wir hierüber in der Tiefentspannung nachdenken, obwohl „nachdenken" nicht das rechte Wort ist, denn in der Totenlage denken wir nicht, sondern erleben eine Bilderschau in uns, der wir zusehen. Ein klein wenig kann man jedoch lenken. Es geht demnach etwa Folgendes in uns um:

Weshalb zernage ich mich? Weshalb fürchte ich mich? Weshalb beunruhige ich mich? Weshalb bin ich so unruhig, so unzufrieden? — Die Antwort lautet: weil ich schon wieder einmal Eile habe, keine Geduld, kein Vertrauen zum himmlischen Vater! Weil ich schon wieder einmal auf die Welt schaue, als könne von dorther das Heil kommen! Der Fehler liegt mithin bei mir, nicht an den Zuständen oder Menschen. Das Leben bietet sich allen in gleicher Weise dar; die einzige Frage lautet, wie man sich dazu stellt, also ob man darüber so oder anders denkt. Ob man grimmt und trotzt oder ob man milde lächelt! Ob man beleidigt oder belustigt darauf hinblickt! Ob man allen alten Dreck bei sich behält, oder ob man ihn baldmöglichst wegfallen läßt. — Ändere dein Denken, dann ändert sich alles.

Ich will nicht leiden, ich will nichts tragen, ich möchte immer nur Schönes und Angenehmes erleben, ich möchte leuchten und glänzen, bewundert oder gefürchtet werden, und wenn diese Wünsche nicht erfüllt werden, halte ich mich für betrogen, verraten, verkauft, benachteiligt, und das nehme ich übel und trotze. — Dazu kann man nur sagen: stelle ihn ab, diesen Unfug, der das Leben zerstört. Was du deinen Stolz nennst, deinen Rechtsanspruch, ist nur dein Eigensinn, den du abzulegen hast so gründlich wie möglich. Passe dich dem Leben an, trage es willig, und schon trägt es sich leichter.

Der Splitter im Auge deines Nächsten geht dich nichts an, dich geht nur der Balken im eigenen Auge an. Entferne ihn! Mache dich winzig klein, dann gelangst du zu deinem wirklichen Maß. — An *solche* Gedanken gewöhne dich, dann wird das Leben reicher, schöner und gesünder.

Ziehe öfter Bilanz über das, was du *hast!* Du hast Augen und Ohren, Arme und Beine, kannst essen und verdauen, du liegst nicht im Krankenhaus und bist auch nicht im Zuchthaus oder im Irrenhaus. Verdient hast du solche Begabungen nicht. Freue dich, wie *gut* es dir geht, dann durchdringt dich Freude, und das bedeutet ein Leben in Gesundheit. Nun aber bedenke hadernd, was alles noch fehlt, dann kommst du auf eine Liste ohne Ende und wirst immer trauriger, immer müder, zuletzt kannst du die ganze Welt verfluchen und wirst unweigerlich ein glückloser Mensch und ganz zuletzt krank.

Was hast du bisher getan, um die vielen reichen Gaben Gottes zu *verdienen?* Wozu hast du sie angewandt, deine körperlichen und geistigen Kräfte? Zum Dienst für alle? Hast du mitgearbeitet im Weinberg des Herrn oder nur deinen Privatacker bestellt?

Liebe willst du haben? *Haben?* — Mensch, geben sollst du Liebe, geben, nicht verlangen! Sobald wir geben, fühlen wir uns reich. Der Angstvolle vermag nichts zu geben, er fürchtet, in Mangel zu geraten und will alles festhalten, fest umkrampfen, weil er sich nicht vorstellen kann, daß Gott täglich Neues gibt. Er glaubt nur ans Vorhandene und denkt, weitere Zufuhr käme nie. Er vergräbt sein Geld, anstatt es in Unternehmungen gewinnbringend anzulegen.

Auch dich selbst sollst du lieben! An das Gute in dir selbst sollst du glauben, dem Glück das Kommen zutrauen, ihm die Tür offenhalten. Deine Fehler sollst du nur insoweit bedenken, als du dich fragst, worin sie bestehen und wie man sie loswerden kann, nie aber sollst du dich mit Selbstvorwürfen abgeben und düster dein „Unvermögen" bedenken, deine „Schuld".

Solange wir rückwärts blicken, können wir nicht vorwärtsgehen.

Was geschehen ist, ist geschehen; nichts davon kannst du ausradieren. Du kannst nur versuchen, es künftig besser zu machen, indem du eben jetzt, in diesem Augenblick, den entsprechenden Vorsatz faßt. Auch in die Zukunft sollst du nicht hineingrübeln mit der Frage, was sie bringen wird. Tun kannst du nur, was du heute, eben jetzt, in diesem Augenblick, tust. Indem du grübelst, vergeudest du Zeit und Kraft.

Wenn du rein und sauber bist, guten Willen hast, keinen Haß in dir aufkommen läßt, auch keinen Neid, wohl aber bereit bist zu verzeihen, entschuldigen, verstehen, sogar zur Liebe und freudig gewährten Barmherzigkeit, dann leitet dich Gott zum Guten hin und glättet sogar deine Wege. „Der Herr ist mein Hirte, folglich *kann* mir gar nichts passieren, danke!" Dieses Bild ramme in dich ein, oft genug, deutlich genug, lange genug, dann beginnt es in dir zu wirken und bringt dir heitere Gelassenheit, freudigen Mut und Lebensvertrauen.

Denke nach über die Blätter am Baum! Jedes einzelne Blättchen möchte sich entfalten, schön grün und saftig sein, Sonne trinken, ewig leben... Doch aus dem Frühlingsgrün wird Sommergrün, dann herbstliches Braun, zuletzt wehen Wind und Regen das letzte Blättchen vom Zweig, denn alle Blätter werden einmal Humus. Jedes Blättchen denkt, das Leben habe ihm zu dienen, und doch lautet die Wahrheit ganz anders. Das Blättchen ist dazu da, dem *Baum* zu Leben zu verhelfen, und der Baum ist dazu da, den *Wald* mitzubilden, und der Wald ist dazu da, das Klima des *Landes* zu schaffen. (Bis einst sowieso die Erde aufhört, Leben zu tragen.) — Genauso steht es mit den Menschen. Sie dienen einem fernen hohen Willen zu *dessen* Zwecken. Du aber willst dich aufspielen in der Einbildung, das Ganze sei für dich zu deinem Vergnügen erschaffen worden, und du seist berufen, darüber Urteile abzugeben?

Milliarden von Menschen haben vor dir gelebt, Milliarden werden nach dir leben, und alles dreht sich für sie um ihr Wollen, Planen, Verlangen, Lieben, Hassen, Streiten und Bockigsein. Wo sind sie jetzt, die Früheren? Wohin werden sie gelangen, die Nachmaligen? Sie landen alle im Friedhof und werden zu Humus. Ihr großes Gekrampfe vorher ist kaum ein Kopfschütteln wert. An solchen Dingen willst du festhalten, dafür deine Kraft einsetzen? Du bist ein Narr!

Diese Vorstellung mache dir klar, lasse sie tief in dich einsinken, dann erregst du dich weit weniger oft und weit weniger heftig und gelangst zum besseren Frieden, zum leichteren Leben und zur besseren Gesundheit. Versuche das Gegenteil, so gelangst du zum gegenteiligen Ergebnis. Lasse dich von der höheren Macht führen, wie es klugerweise schon in der Bibel empfohlen wurde, *„dein* Wille geschehe", dann wird dir das Leben leicht. Schwer wird es dir nur, wenn du fortgesetzt den Eigenwillen durchsetzen willst und dem Willen Gottes mißtraust. Dein Spruch lautet: „So nimm nun meine Hände und führe mich, jedoch nur dahin, wo *ich* hin will!" Und dann geht der Weg in des Teufels Küche, doch daran hat Gott nicht Schuld.

Unterlasse es, über „Gerechtigkeit" nachzusinnen. Dein Verstand ist zu kurz für diese Aufgabe. Alle deine Urteile in dieser Hinsicht treffen daneben. Die Natur bestätigt es dir, indem sie dich, wenn du so einer bist, mit Gramesfalten belastet, Falten in der Stirn, verengtem Atem, unschöner Stimme, unfrohen Augen.

Alles, was uns licht, hell, heiter, tönend, schwingend und Wärme ausstrahlend macht, ist von Gott; alles, was düster, unfroh, hart, eckig, krank macht, ist vom Teufel. Der Teufel ist wie Gott das *untere* Ende des Denkens gegen das *obere* Ende. An sich gibt es weder Gott noch den Teufel, es gibt lediglich positiven oder negativen Gebrauch der Geistesmacht.

Beschluß: So etwas kann der Mensch nicht bedenken, solange er oben im Bewußtseinsfeld von den Stürmen der Leidenschaft besetzt ist, von der Verkrampfung ins Denken immer um das eigene Ich herum, *seine* Wünsche, *seine* Vorstellungen, seine Ansprüche und seine Besitztümer. Er kann es erst dann bedenken, wenn er in sich selbst Stille hergestellt hat, Leersein. Ohne diese Stille und Leere zuvor — wir wiederholen es noch einmal — ist alles, was im Buche steht, barer Unsinn, billige Mehlsuppe für die Armen im Geiste, für Schwärmer und Schlaffe, kaum des Lachens wert, bestenfalls der Verachtung.

So urteilen die Erfolgreichen, die Tatkräftigen, die Selbstbewußten, die Willensmenschen, alle diese Menschen mit dem lieblosen Blick, dem energischen Mund, die Herrn Direktoren und Generaldirektoren, die Herrscher mit ihren verpfuschten Ehen, mit Herzleiden, Gallenleiden, Schlaflosigkeit, Lebensungenügen, Zynismus, harter Praxis und Sanatorium, Frischzellenbehandlung und Aufsicht durch den Hausarzt. Der Arzt soll ihnen helfen, das Präparat soll helfen, die Spritze, die Kur. Die Bibel sagt hierzu: „Irret euch nicht, Gott läßt sich nicht spotten!"

Solchen Menschen kann nicht geholfen werden. Wenn solche Menschen zu mir kommen, weise ich sie ab, denn jeder Versuch mit ihnen würde unnütze Vergeudung von Zeit, Kraft und Geld sein. Die Mittel der Medizin wenden sich von außen her mechanisch-materiell an den Körper, doch der Mensch ist mehr als nur eben Körper, er lebt vom Geiste und der Seele her. Bis in diese Quellgründe hinein muß die Behandlung reichen, wenn sie erfolgreich sein soll.

Seele? Zeigen Sie mir mal die Seele! — Nein, greifbar auf den Teller legen kann man sie nicht, doch vorhanden ist sie und gibt sich unüberhörbar kund.

Daran ist rein medizinisch nicht heranzukommen, es sei denn — wie dies aufgeklärte Ärzte heute schon tun — man zählt Atemtherapie, Yoga und Tiefentspannung zu den Heilmitteln, ohne dabei Gott auszulassen. (Ohne Gott geht es nicht, denn Geist und Seele gehören der großen jenseitigen Instanz an und können durch bloße Psychologie, an der Universität aus Büchern erlernt, nicht ersetzt werden.

Der Yogi-Atem

Man kann nicht einfach beschließen, jetzt in Tiefentspannung gehen zu wollen und dies dann durchführen wie etwa gymnastische Übungen. Man kann es beschließen, versuchen, sich bemühen, doch es gelingt nicht. Es scheitert, wenn wir im Geiste zu sehr erregt sind, weil das Schwungrad zu rasch läuft, oder wenn wir körperlich irgendwie gepeinigt werden. Wir frösteln, es kneift, drückt oder zieht irgendwo . . . In solchem Fall können wir die ersehnte ausgleichende Ruhe, Leere und Stille nicht herbeiführen. Die Welt drängt sich zu arg herein.

Das macht nichts. Wir lächeln, sehen ein, daß es mißlungen ist und versuchen es ein andermal erneut. Einstweilen sagen wir uns nur: „Siehe da, also derart kocht und brodelt es in mir; so wenig bin ich Herr im eigenen Hause!"

(Eine sehr nützliche Feststellung, denn sie macht uns bescheiden, sie nimmt uns den Hochmut.) Es kann lange dauern, bis die Kunst endlich gemeistert ist.

Nun aber bietet sich uns im „Yogi-Atem" ein anderer Weg in die Stille. Dieser Weg ist härter, irdisch fester und jederzeit gangbar, wirkt aber nicht ganz so sehr in die Tiefe.

Ausführung: Man übe sich im sogenannten „Diamantsitz". Der Rücken muß vollkommen gerade sein, der Kopf waagerecht, die Schultern zwanglos locker, die Augen bleiben geschlossen, der Mund wird entspannt, die Hände liegen zwanglos im Schoß, die Oberarme fallen senkrecht nach unten. Die Zehenspitzen berühren sich, die Fersen liegen auseinander. Auf den Fersen ruht das Gesäß.

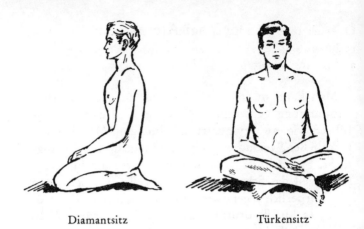

Diamantsitz		Türkensitz

Die Schmerzen in den Oberschenkeln oder im Fußgelenk tun nichts zur Sache. Sie dürfen uns nicht abhalten. Durch tägliches Üben vergehen sie. Der eine erträgt sie ohne weiteres, der andere sehr mühsam, der dritte gebraucht Wochen oder gar Monate. Das Ziel heißt: wenigstens zehn Minuten lang so sitzen können, ohne sich gepeinigt zu fühlen.

Eine zweite Sitzweise ist der „Türkensitz" oder „Schneidersitz" mit gekreuzten Füßen. Der Anfänger übt diesen Sitz vor der Wand oder vor dem Schrank. Das Steißbein muß eng an der Wand sein, die Schultern berühren die Wand ebenfalls. Im übrigen gelten für diesen Sitz die gleichen Bedingungen wie für den Diamantsitz, also: Augen zu, Mund entspannt, Hände im Schoß, vor allem aber muß der Rücken absolut gerade sein.

Wer beide Sitzweisen nicht durchführen kann wegen Verletzung im Knie oder im Fußgelenk, mag immerhin auf dem Stuhl sitzen, doch muß er hierbei so sitzen, wie es nachstehend abgebildet ist. Die alten Pharaonen saßen so. Auf die genaue Abstimmung kommt es an.

Oberschenkel genau waagerecht, Unterschenkel senkrecht, Füße flach ruhend, den Sitz von den Kniekehlen an bis ganz hinten hin benutzen.

Die beiden asiatischen Sitzweisen sind bei weitem erträglicher. In beiden Sitzweisen erfahren die Nerven wohltuende Entspannung, der Kreislauf wird wohltuend beeinflußt, das Hirn ruht besser aus. Selbstverständlich kniet oder sitzt man nicht auf dem harten Fußboden, sondern legt eine mehrfach zusammengefaltete Decke unter.

Nachdem diese technischen Vorbedingungen erfüllt sind, kommt es wie in der Totenlage darauf an, das Ich auszuschalten, das bewußte Denken, also die Stille und Leere herzustellen. Wir befassen uns also nicht mehr mit den Gedankenbildern, die im Bewußtseinsfeld auf-

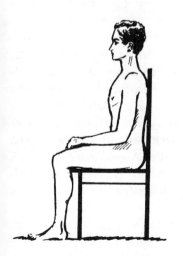 

Mit ganzem Gesäß aufsitzen, Kniekehlen an der vorderen Stuhlkante.

Kissen als Ausgleich der Schräge.

leuchten und sich zur näheren Befassung mit ihnen anmelden, sondern richten die Aufmerksamkeit allein auf die Wahrnehmung des Atems in uns. Wir fühlen ihn heranschwellen, sich ausbreiten, fühlen, wie er wieder dahinschwindet, zuletzt verschwunden *ist*, und wie er dann wieder in uns einziehen will usw. Vor allem achten wir darauf, daß wir recht schön lange in der Leerpause verweilen.

Wir machen hierbei keine „Übungen" mit dem Atem, sondern lassen ihn walten, wie er will und schauen seinem Wesen nur eben zu. Wir wissen dabei, was wir damit erleben. Wir erleben das Wirken und Walten Gottes in uns, den heilenden Zustrom von Lebenskraft, den erlösenden Weggang aller Beschwernisse.

Um noch besser vom bewußten Denken wegzukommen, *zählen* wir den Atem. Eins, der Atem geht ein; zwei, der Atem geht hinaus. Drei, der Atem geht ein; vier, der Atem geht hinaus. Usw. bis zehn. Nach zehn fangen wir wieder mit eins an.

Auf diese Weise besetzen wir unser Bewußtfeld mit der alleinigen Wahrnehmung des Atemganges, und das heißt der Gottesarbeit, die den Segen bringt, und indem wir nur noch *dies* wahrnehmen, alles andere nicht beachtend, gelangen wir zur Ruhe und Stille. Wir selbst denken nicht mehr, tun gar nichts, erwarten oder wünschen auch nichts, sondern sind nur von dem Einen besetzt: vom Wahrnehmen des Atems in uns! Und da dies die größte Segnung für uns ist, freuen wir uns, haben daher den freudigen, entspannten Mund und sagen *danke!*

Wenn nur noch die Wahrnehmung des Atems im Bewußtsein ist, kann nicht daneben noch etwas anderes darin sein wie beispielsweise Angst, Furcht, Erwartungsfieber, Leidenschaft oder sonst etwas aus der

„Welt". Das Ich schweigt jetzt. Will trotzdem ein Ichgedanke auftauchen, so beachten wir ihn nicht, nähren ihn nicht, lassen ihn absterben.

Der Atem geht hierbei nur durch die Nase ein, nur durch die Nase aus.

Es sei mit großer Eindringlichkeit nochmals darauf hingewiesen, daß die vorstehend aufgezählten technischen Vorbedingungen genauestens erfüllt werden müssen. (Wer auf dem Stuhl sitzend übt, setze sich quer auf den Stuhl und benütze die Wand als Lehne, denn die üblichen Stuhllehnen sind meist schräg rückwärts gerichtet.) Man achte darauf: Rücken bolzengerade, Kopf waagerecht, Augen zu, Oberarme locker senkrecht fallend, Hände im Schoß ruhend *(ruhend, nicht krampfig hingelegt)*. Atem nur durch die Nase ein wie aus. Einströmen lassen bis zur deutlich erreichten Fülle, die Fülle genießen, dann ausströmen lassen, bis der Leib sich tief einzieht, die Leerpause nicht vorzeitig unterbrechen, und dann weiter so und weiter so, immer den Atem gewähren lassend, denn nicht „wir" atmen, sondern in uns atmet „Es". Und dazu das entspannte Gesicht.

Das entspannte Gesicht gewinnen wir, indem wir uns vorstellen, wir sprächen zu einem unschuldigen kleinen Kind: O, du siehst aber schön aus! Du bist sicher ein liebes, braves Kind! O, da hast du aber ein schönes Bild gemalt!" Oder wir denken uns wie beim Anblick von etwas sehr Schönem: *„Schöööön!"* Und gehen innerlich *auf* in der Empfindung: *„Schön* ist das!" Alsdann entsteht das entspannte Gesicht von selbst. Willensmäßig herstellen durch Mundmuskelarbeit können wir das Gesicht *nicht*. *(Ohne dieses Gesicht bleiben alle Bemühungen nutzlos !!!)*

Wir sagten schon an früherer Stelle: man übe sich, das Lächeln als ständigen Gesichtsausdruck zu erwerben: Man muß es üben. Üben heißt, daß man hier nicht „ja ja" sagt, sondern *übt!* Vor dem Spiegel. Mit der Uhr dabei. Bis das Gesicht entkrampft ist. Streite hier nicht, erhebe keine Einwendungen, sondern übe. Die meisten Menschen vermögen es nicht. Dauernd sträuben sie sich, dauernd denken sie mit dem Verstand, dauernd sagen sie „ja, aber..." und verderben sich mit dem besserwissenden „Aber" das Heil.

Indem wir auf den Atem achten, den Atem sogar zählen und dabei nur sehr langsam zählen können, legen wir das Ichdenken lahm bis zum völligen Erliegen. Man kann auch eine andere Methode anwenden. Man stelle sich vor, der Unterkiefer wäre schwer wie Blei, er hängt willenlos wie bei einem Idioten oder Schwerbetrunkenen, und das lähmt ebenfalls das Denken. Alles Denken hängt mit Wortemachen zusammen, das Wortemachen hängt zusammen mit Sprechen, das Sprechen hängt zusammen mit Kieferbewegung. Nun aber bewegt sich der schwere, schlaffe Unterkiefer *nicht,* und dann hört das Wortemachen auf und damit endlich das Denken.

Es gibt noch andere Mittel, z. B. die Hinlenkung der geschlossenen Augen auf die Stirnmitte, doch die beiden hier genannten Mittel genügen bereits.

Sobald wir nun fühlen, daß wir zur Ruhe gekommen sind, zur Stille und Leere in uns, setzen wir uns — wie in der Totenlage — eine für uns heilsame Vorstellung ins Bewußtsein und lenken damit die herbeigerufenen Ströme der göttlichen Allmacht auf ein Ziel. Gesundheit! Erleuchtung! Kraft. Der Herr ist mein Hirte! Alles wird gut! Ich werde immer ruhiger, immer gelassener!

> Der Wolken, Luft und Winden
> gibt Wege, Lauf und Bahn,
> der wird auch Wege finden,
> da *mein* Fuß gehen kann.
> Danke!

Indem wir täglich so sitzen, täglich so denken, sinkt das Bild in die Wesenstiefe und erfüllt uns mit Frieden, es gibt den Heinzelmännchen Arbeitsanweisung.

Sehr nützlich ist folgende Konzentration: die Gestalt Jesu! Die gelassene Ruhe in seinem Gesicht, seine Freundlichkeit, seine grenzenlose Barmherzigkeit, sein Erhabensein über die Welt, über Zorn, Angst, Neid, und dafür sein stets wiederholter Hinweis, daß nur in Gott Friede sein könne. Gott ist der liebende Vater aller seiner Kinder, also hilft er auch mir, nur darf ich mich natürlich nicht von ihm entfernen, ich muß zu ihm hingehen. Sobald *ich* mich ihm zuwende, wendet auch *er* sich mir zu.

Und hierüber freuen wir uns, freuen uns und bekommen von daher das entspannte Gesicht.

Mit anderen Worten, wir konzentrieren uns auf das Heilsame. Wenn alsdann das geistig erschaute Bild von sich aus in uns Gedanken und Empfindungen weckt und in uns „umgeht", dann nennen wir dieses innere Erleben *Meditation*.

Meditation ist keine Tätigkeit des Menschen, sondern ein Widerspiegeln jenseitigen höheren Denkens in uns, genau wie wir im Traum nicht selber träumen, sondern *„Es"* träumt in uns, zeigt sich uns und wir *sehen* es nur.

In dieser Weise geht Gottes Wirken in uns um und heilt uns, führt uns, behütet uns, und darauf verlassen wir uns, fragen nichts, sondern empfangen nur und sagen danke. „Die heilenden Mächte Gottes durchströmen mich, danke!"

Das ist *alles*. Sobald wir etwas hinzutun wollen, verderben wir alles. Die Heinzelmännchen im Märchen hörten mit der Arbeit glatt auf, als sie merkten, daß sie beobachtet wurden, das heißt das Übersinnliche hört auf zu wirken, sobald der Verstand sich einmischt.

Wenn wir uns täglich gegen Feierabend in dieser Weise hinsetzen, nur ein paar Minuten lang, beginnt es eines Tages zu wirken. Sobald wir uns der Vorstellung nicht mehr hingeben, sondern Fragen stellen, ungeduldig werden, Erfolge sehen wollen, in Zweifel verfallen, der Angst nachgeben, hört die Wirkung auf. Dann sind nämlich schon wieder *wir* am Werk, und dann kann *Gott* nicht wirken. Entweder ganz und gar *wir*, oder ganz und gar *Er*.

Damit schließen wir die Darstellung. Diese „Technik", wenn man es so nennen will, hat Tausenden geholfen, sie hat Frieden ins Gemüt gesetzt, Kraft, Rat, Trost und Hilfe eingegeben und die schwersten Krankheiten weggeschafft. Menschen, die lebenslang an ihr Krankenbett gefesselt waren, Gelähmte, schrieben mir, sie trügen ihr Schicksal jetzt leichter und fühlten sich außerdem körperlich um vieles wohler. Die bloße Vorstellung, es ginge ihnen besser, bewirkte ein tatsächliches Besserwerden. Die Erlangung seelischer Ruhe durch Tiefentspannung, schon durch den Atem allein, bewirkt seelische Befreiung. In dem Maße, wie solche Menschen lernen, sich einerseits zu ergeben (nicht dem Leiden, sondern der Liebe Gottes) und sich andererseits freudig glaubend die Besserung vorzustellen — in diesem Maße (dir geschehe, wie du geglaubt hast) bessert sich alles. Körperliche Nöte wie seelische Zustände und das Schicksal überhaupt werden von *Gott* gelenkt, das ist alles, was man zu wissen braucht. Hierzu ist keine akademische Bildung erforderlich, ja, eher hinderlich.

Wer sich daran aufhält, streitend, hadernd und einwendend philosophische Torheit hervorzubringen und Gott zu „beurteilen", das Unendliche mit Menschenmaßstab zu messen, verliert seine Zeit unnütz und kommt nicht weiter. Als das kleine Paulchen gefragt wurde, wie es ihm in der Schule gefallen habe, urteilte er mit der Sicherheit absoluter Überzeugung: „Unser Lehrer ist dumm, er weiß gar nichts; er muß uns dauernd fragen."

In religiöser Hinsicht haben viele Leute über Gott eine ganz und gar unzutreffende Vorstellung. Für sie ist Gott etwas Hochheiliges, das man nur demütig anbeten kann, doch daß Gott etwas sogar im Alltag Wirkendes sei, lebend im Menschen vorhanden, auf ihn wartend, um helfen zu können, das geht nicht in sie hinein. Das Dogma versperrt ihnen den Weg.

Für den Leidenden wie für den Arzt genügt es, jenseits aller Diskussionen an dem einen festzuhalten: Stillegung des bewußten Denkens und des zwecklosen Grübelns und Haderns. Das Bewußtsein allein auf den Atem richten (in der Totenlage außerdem nachher nur auf den Kreislauf, auf das Strömen und Fließen) und dann die hilfebringende *gute* und daher *schöne* Vorstellung ins Bewußtsein setzen und — dabei verbleiben! Gewaltlos, freudig dankbar, rein empfangend, nichts erkrampfen wollen, ohne Angst, nur in Freude, Freude und Freude.

Das ist alles. Es hört sich an wie nichts und ist dennoch schwer, aber trotz der Schwere durchaus ergänglich.

Die Anwendung richtet sich auf Beseitigung von Krankheiten durch die Vorstellung der bereits unterwegs befindlichen Gesundheit. Gegen Neigung zum

Mißtrauen hilft die Vorstellung des lächelnd beibehaltenen Denkens an glückliche Lösung letzten Endes überall. Gegen Berufsneurose hilft die Vorstellung der *guten* Seiten des Berufes und die Unerläßlichkeit des Berufes. Dienen sollen wir, nach dem Lohn nicht fragen, dann kommt der Lohn von selbst. Gegen Ehekonflikte hilft die Vorstellung der *guten* Seiten des Partners, verbunden mit liebendem Mitgefühl für die Schwierigkeiten, die gewiß auch *er* hat. Nützlich ist auch die Meditation darüber, wie gänzlich die Welt außerstande ist, volles Genügen zu bieten. Man nehme sie, wie sie ist, man passe sich dem Unumgänglichen an. (Du sollst dem Übel nicht widerstreben.) Man ändere, was man ändern *kann,* doch in das Unabänderliche füge man sich, dann wird der Weg leichter. Man muß wissen, daß das Ich die einzige Leidquelle ist. Je weniger ich erwarte oder verlange, um so mehr freut mich alles, was mir entgegenkommt, verlange ich aber alles ohne Rest, so wird mir Erfüllung *nie* zuteil werden. Der eine Weg führt zur Welt und zu dem, was die Welt zu bieten hat, doch das kann nie der Friede sein, und der andere Weg führt zu Gott, zum Nicht-Ich, und dort wohnt das einzige, das wahrhaft köstlich ist und alles Sonstige in sich birgt. Es ist der Friede.

Im großen und ganzen genügt es, sich langsam folgende Einsichten zu erwerben:

1. Über dem Leben steht eine jenseitige führende Macht, deren Absichten stets freundlich sind, stets um unser Wohl bemüht, auch wenn wir es oftmals nicht einsehen können. Dies nicht sehen zu wollen, sogar dagegen zu protestieren, ist sinnlos, sogar schädigend. Entweder wir ordnen uns ein, fügen uns, benutzen die Strömung, oder wir stellen uns gegen sie, doch das Leben geht trotz unserem Protest seinen Gang weiter und

läßt uns ganz nach Belieben vor Grimm zerplatzen oder zur Seite des Weges liegen bleiben bis zum Verrotten. Ob wir dies oder jenes haben wollen, hängt von unserer Entscheidung ab. *Mit* Gott geht es gut, *ohne* oder gar *gegen* Gott geht es übel. Unter Gott können wir einfach die Lebensgesetze verstehen.

2. Was wir *oft* genug, *lange* genug und *deutlich* genug denken, senkt sich ins Bewußtsein ein, wird zum Leitbild, zum Bauplan, zur festen Überzeugung, Weltanschauung und damit Lenker der Fahrt.

3. „Oft genug, lange genug und deutlich genug" bedeutet, daß wir uns Zeit lassen müssen, und sei es monatelang, bis in uns das Bild vom „guten Hirten" entstanden ist, der besser als seine Schafe weiß, was den Schafen gut ist, und dieser „gute Hirte" ist auch *mein* Hirte, denn wir alle sind Kinder des Vaters im Himmel, empfangen alle von ihm Atem und Herzschlag, Leben und Geist, sind eingeladen zur guten Tafel und gehen zuletzt alle wieder zu ihm ein.

(Für Kirchenfromme: nicht Christus hilft dir, sondern dein *Denken* an Christus und dein *Leben* nach seinem Bilde.)

4. Bloße wissenschaftliche Einsichten und Erklärungen, sogar die deutliche Erkenntnis „es sind alles nur Komplexe", helfen nicht, sondern es muß — durch häufige ruhige Meditation — die Überzeugung aufgebaut werden, Steinchen um Steinchen, daß es in der Tat eine höhere Macht gibt, daß sie wirkt und daß sie stets gesetzmäßig wirkt.

5. Was bisher war, bindet uns nicht, denn ab morgen kann alles anders werden. Krankheit kann Gesundheit werden, wir müssen es nur eben oben im Denkfeld

erstens wissen, zweitens darauf vertrauen und den Glauben daran durch beständiges Festhalten des Gesundheitsgedankens so festigen, bis er uns durchdrungen hat.

6. Was „oben" gedacht wird, lange genug, oft genug und deutlich genug, dringt zuletzt bis zu den Heinzelmännchen durch, jenen Kräften und Intelligenzen, die ungewußt von dir die Verwaltungsarbeit besorgen, die Reparaturen, Umbauten usw. Sie arbeiten stets nach dem Plan, den du ihnen von oben her eingibst. Es kommt alles darauf an, ihnen den heilsamen richtigen Plan zu geben. Die Ausführung geht dich nichts an, du verstehst nichts davon, du mischst dich am besten nicht ein, deine plumpen Finger stören nur. Nur eben „dankeschön" hast du zu sagen; das gehört sich so.

7. Den Uhrmacher, der deine Uhr repariert hat, mußt du in Geld bezahlen; den großen Uhrmacher „Gott" kannst du nur durch ein fortan besseres Leben bezahlen, er freut sich darüber und schenkt dir als Zeichen seiner Freude erhöhtes Wohlsein seelisch wie körperlich.

8. Angst, Sorge, Furcht, Einstrahlungen aus übler Umwelt, verkehrte Lebensweise, törichte Diät, mangelnde Rücksichtsnahme auf den Körper, Verstöße gegen die Natur, ferner Eitelkeit, Herrschsucht und alles sonstige Unwesen aus dem Ich — das drosselt den Zustrom, hindert die Heinzelmännchen in der Arbeit, macht ihre Arbeit sogar zunichte.

Weiter brauchst du nichts zu wissen, doch du mußt dich nach dem Vorstehenden richten, denn bloßes Jasagen und Zustimmen bewirken nichts. Und übe dich mehr und mehr im beständigen milden, leisen Lächeln, bis du ein anderes Gesicht gar nicht mehr haben *kannst*.

Deine Einwendungen hiergegen aus dem Verstand, aus der Furcht, dem Zweifel — alles Bruch, lieber Freund, absolut Bruch. Es kommt vom Teufel, bringt dich herunter, nie hinauf, also wirf es weg, zertrete es, lasse dich nie darauf ein, bedenke es überhaupt nicht, und wenn es sich vor der Tür ansammeln will, dann werde grob, schlage es zusammen und spucke darauf. *Atme* es weg! — Hebe dich weg, Satan! Denn es *ist* Satan.

So oft solche Anfechtung kommt, atme gut, konzentriere dich auf den Atem, gehe in die Totenlage, in den Yogi-Atem, ins extra bewußte Lächeln *extra* stark. Für dich gilt nur eines: „Der Herr ist mein Hirte!"

Klage nie die Menschen an, nie die Umstände, nie das Schicksal, nie Gott, sondern forsche allein nach den Fehlern, die bei *dir* liegen. Die Umstände kannst du nicht ändern, nur dich selbst kannst du ändern, und dann freilich ändert sich sehr bald alles um dich herum.

Ein junges Mädchen, dreiundzwanzig Jahre alt, gut gewachsen und hübsch, schrieb mir: „Schon seit Jahren plage ich mich mit einem Heer von seelischen Krankheitserregern, die mich viel Kraft und Energie kosten. Leider vermochte ich nicht, sie aus eigener Kraft abzuschütteln. Meine Quälgeister sind Komplexe und Ängste, ihre Gefolgschaft sind Depression, Gleichgültigkeit, mangelnde Konzentrationsfähigkeit und trostlose Einsamkeit. Ich habe all die Jahre entsetzlich darunter gelitten, war aber immer ängstlich bemüht, die anderen nichts von meiner Verzweiflung merken zu lassen."

Ich verzapfte ihr keinerlei „Religion", ich verordnete ihr nur, das Bild vom Guten Hirten in sich aufzubauen, genauso wie man die Vorstellung vom Weihnachtsmann in sich aufbauen kann, bis man ihn deutlich in sich trägt mit seiner Pelzhaube, dem dicken Winterrock, den großen Stiefeln, der Rute und dem Sack voll guter Sachen. Damit setzte sie sich etwas *Freundliches* ins Gemüt. Das Freundliche kam als Arbeitsvorlage unten bei den Heinzelmännchen an. Außerdem wusch ich ihr den Kopf mit Seife. Wer sich nicht entschließen will, an anderen Menschen Anteil zu nehmen, sie zu lieben, mindestens zu verstehen, Geduld zu haben, ihnen entgegenzukommen, dem kommen sie auch ihrerseits nicht entgegen und lassen ihn so allein sein, wie er es verdient.

„Sie können noch viel einsamer werden", sagte ich ihr, „doch Sie können ebensogut morgen schon Kontakte aufnehmen, sobald Sie aufhören, die Menschen zu fürchten oder sie zu kritisieren, Mängel an ihnen zu sehen und sich dann abzuschließen, weil sie alle nur Menschen sind, keine Lichtgestalten. — „Wer sind Sie denn", fragte ich, „daß Sie das Recht hätten, zu erwarten, die Menschen sollten Ihnen entgegenkommen? Mindestens die Hälfte des Weges liegt *Ihnen* ob, und wenn Sie *klug* sind, übernehmen Sie weit mehr als nur die Hälfte. Und wenn es eine Enttäuschung war, so fahren Sie fort im Suchen. Oder denken Sie etwa, eine Erfindung gelinge sofort auf Anhieb? Törichtes Mädchen; Sie sollten sich schämen! Und soviel Sie bisher gesündigt haben durch Abseitsstehen, soviel müssen Sie zunächst wieder gutmachen, alsdann erst sind Sie auf Reihe und können vorankommen."

Ich stellte sie in die Mitte des Zimmers und fragte: „Was sehen Sie vor sich?" — Sie antwortete: „Den Schrank." — „Gut", sagte ich, „und nun drehen Sie sich bitte um und sagen Sie mir, was Sie *jetzt* sehen?" — „Die Berge", sagte sie, „die Wiesen, den Wald und den Himmel".

„Und außerdem die Sonne", erinnerte ich. „Die Sonne haben Sie zu erwähnen vergessen. Und weshalb sehen Sie jetzt die schöne Landschaft? Weil Sie sich umgedreht haben; andernfalls würden Sie immer noch auf den düsteren Schrank blicken, der bestimmt nicht schön ist. Sehen Sie", sagte ich, „jeder Mensch kann sich umdrehen. Es muß freilich den meisten erst gesagt werden, daß sie sich umdrehen können, doch drehbar sind sie alle, sobald sie es einmal erfaßt haben und es dann auch *tun*. Von da an scheint die Sonne und taut das Eis ganz von selbst auf."

Verlag Hermann Bauer · Freiburg im Breisgau

James H. Brennan

Power Play

Dynamische Techniken für den Erfolg

210 Seiten, geb. ISBN 3-7626-0440-1

Kennen Sie den Anflug von Neid, der sich in Ihnen regt, wenn Sie einem erfolgreichen Menschen begegnen? Denken Sie gelegentlich, Sie könnten aus Ihrer Arbeit und Ihrem Leben mehr machen?

Sie können! Hier kommt ein simples und doch wirksames System, das Ihnen zeigt, wie. In diesem Buch erfahren Sie alles über die dynamischen Techniken des Power Play. Sie lernen, wie Sie Ihr Image aufbauen, damit es zu einem Kraftquell Ihres Erfolges wird; wie Sie Verhaltensmuster verändern, die Sie am Erreichen Ihres Zieles hindern; wie Sie Ihr Gedächtnis leistungsstark machen und wie Sie Ihre Ziele phantasievoll und überzeugend formulieren. Alles, was Sie vom Leben ersehnen, liegt nun in Ihrer Reichweite!

Neben der theoretischen Darstellung, wie Sie Ihre ganz persönliche Problematik erkennen, liegt der Schwerpunkt von Power Play darin, Ihnen praktische Umsetzungsmöglichkeiten anzubieten. Sie werden Ihren eigenen Weg finden, der Sie zum Erfolg führt.

Die anschauliche Sprache und der unverkennbar englische Humor, der zwischen den Zeilen hervorblitzt, verleihen diesem Buch eine ganz besondere Note.

Verlag Hermann Bauer · Freiburg im Breisgau

Verlag Hermann Bauer · Freiburg im Breisgau

Ute Brünig-Wiebke

In die Tiefe wachsen

Wege zur Selbsteinweihung

295 S. mit 32 farbigen Abb., geb. ISBN 3-7626-0397-9

Die Autorin schildert, welche Erkenntnisprozesse sie mit Hilfe welcher Techniken in entscheidenden Situationen ihres Lebens durchlaufen hat. Der Leser kann unmittelbar nachvollziehen, wie die hier vermittelten Therapien einzusetzen sind und wie sie wirken.

Das von der Autorin entwickelte Konzept geht weit über gängige psychologische Methoden hinaus, da es auf hermetisch-esoterischen Grundlagen basiert. Es ermöglicht jedem, zunächst die Wurzeln seiner Persönlichkeit zu erkunden, um schließlich individuelle Einweihung im selbstgestalteten Wandlungsprozeß zu erfahren. Das Buch bietet wertvolle Hilfen für alle, die nach ihrer eigenen inneren Wahrheit suchen.

Verlag Hermann Bauer · Freiburg im Breisgau

Das neue *esotera-Taschenbuch*
im Verlag Hermann Bauer

Baldur R. Ebertin
Reinkarnation und neues Bewußtsein
Das karmische Gedächtnis
3. Aufl., 384 S. mit 51 Zeichnungen, kart.
ISBN 3-7626-0678-1

Die Vergangenheit erkennen und aufarbeiten, das gegenwärtige Leben mit all seinen Höhen und Tiefen annehmen, die anstehenden Aufgaben so gut wie möglich lösen, dieses Leben als etwas Einmaliges mit individuellen Aufgaben erkennen, aus dem Geburtsbild Rückschlüsse auf frühere Inkarnationen ziehen, dazu gibt dieses Buch eine Fülle von praktischen und theoretischen Anregungen. Der enge Zusammenhang zwischen Irdischem und Kosmischem wird deutlich.

Richard L. Johnson
Ich schreibe mir die Seele frei
Wege zur Harmonisierung des ganzen Gehirns
2. Aufl., 259 S., kart. ISBN 3-7626-0659-5

Mit Hilfe der sachkundigen Anleitung des Autors wird es Ihnen möglich sein, Ihre Gehirnwellen zu verändern und schließlich die größtmögliche Kapazität Ihres Gehirns zu entfalten: Entspannung des ganzen Gehirns, kreatives Tagebuchschreiben aus dem ganzen Gehirn und Leben mit dem ganzen Gehirn. Zahlreiche Übungen führen Sie spielerisch zur Entfaltung von immer mehr Kreativität.

Die neuen Dimensionen des Bewußtseins

esotera

seit vier Jahrzehnten das führende Magazin für Esoterik und Grenzwissenschaften: Jeden Monat auf 100 Seiten aktuelle Reportagen, Hintergrundberichte und Interviews über

Neues Denken und Handeln

Der Wertewandel zu einem erfüllteren, sinnvollen Leben in einer neuen Zeit.

Esoterische Lebenshilfen

Uralte und hochmoderne Methoden, sich von innen heraus grundlegend positiv zu verändern.

Ganzheitliche Gesundheit

Das neue, höhere Verständnis von Krankheit und den Wegen zur Heilung – und vieles andere.

Außerdem: ständig viele aktuelle Kurzinformationen über **Tatsachen die das Weltbild wandeln.** Sachkundige Rezensionen in den Rubriken **Bücher, Klangraum, Film und Video** sowie **Alternative Angebote.** Im **Kursbuch** viele Seiten Kleinanzeigen über einschlägige **Veranstaltungen, Kurse und Seminare** in Deutschland, Österreich, der Schweiz und im ferneren Ausland.

esotera erscheint monatlich. Probeheft kostenlos bei Ihrem Buchhändler oder direkt vom Verlag Hermann Bauer KG, Postfach 167, 79001 Freiburg